Schirner  Verlag

Die Autorin

Nicole Zaremba ist Reiki-Lehrerin und seit 1994 Feng Shui-Beraterin. Zu ihren wichtigsten Lehrern gehören Grandmaster Yap Cheng Hai, Dr. Jes T. Y. Lim und Eva Wong. Ihr Anliegen ist es, Menschen dabei zu unterstützen, die ganze Bandbreite ihrer Fähigkeiten und Möglichkeiten zu entfalten, um ein glückliches und erfülltes Leben zu führen. Wirksame Unterstützung beim Erreichen dieses Zieles bietet Feng Shui, weshalb sie ihre daraus gewonnenen Kenntnisse auf diesem Wege leicht zugänglich und mit einfach umzusetzenden Tips zahlreichen Menschen zur Verfügung stellen möchte.

Der Autor & Künstler

Klaus Holitzka beschäftigt sich seit vielen Jahren mit östlichen Weisheiten und der Kunst des asiatischen Raums. Seine einfühlsamen Illustrationen des I Ging, des Tao Te King, zahlreicher Zen-Koans, sowie seine Mandala-Bücher haben weltweit beeindruckt und viele Bewunderer gefunden. Mit den Feng Shui-Energiebildern ist es ihm gelungen, östliches Wissen mit unseren eigenen kulturellen Wurzeln zu einem harmonischen Ganzen zu verbinden.

Das Buch

Bildern, Symbolen, Farben und Formen werden in der östlichen Harmonielehre des Feng Shui eine große Bedeutung beigemessen. Das passende Bild am richtigen Ort wirkt mit seiner Schwingung auf die Raumatsmosphäre und gleichzeitig nährt es damit unsere Seele. Ob wir die Räume unserer Wohnung einfach nur nutzen oder sie als Orte der Kraft erleben, hängt im Wesentlichen davon ab, mit welchen Dingen wir uns umgeben und wie sie aufeinander einwirken.

In diesem Buch finden Sie viele praktische und einfach umzusetzende Hinweise, wie Sie Ihre Wohn- und Arbeitsräume bereichern können. Insbesondere die von Klaus Holitzka entwickelten drei Serien von Feng Shui-Energiebildern, deren Motive Sie hier unter dem dazugehörigen Ba Gua-Bereich einzeln erläutert finden, leisten dabei wertvolle Hilfe.

Am Ende des Buches werden Sie ein neues, tieferes Bewußtsein Ihrer eigenen vier Wände gewonnen haben.

Nicole Zaremba • Klaus Holitzka

FENG SHUI
ENERGIEBILDER
&
die Kunst
Räume zu beleben

Das Buch zu den Bildserien von
Klaus Holitzka

Schirner ✦ Verlag

ISBN 3-89767-024-0

© 2000 Schirner Verlag, Darmstadt
Erste Auflage

Alle Rechte der Verbreitung vorbehalten.

Umschlag und Illustration: Klaus Holitzka
Satz und Redaktion: Kirsten Glück
Herstellung: Reyhani Druck + Verlag, Darmstadt

Printed in Germany

Inhaltsverzeichnis

Einige Worte zu diesem Buch

Dieses Buch ist bewußt einfach gehalten und beschränkt sich auf Feng Shui-Richtlinien, die sowohl für Menschen im Osten als auch jene im Westen gelten. Chi, die Lebensenergie, fließt durch uns alle und die physikalischen Gesetzmäßigkeiten von Himmel und Erde herrschen hier wie dort.

Im Wesentlichen baut dieses Buch auf den Grundprinzipien des Ba Gua auf, einem wirksamen und einfach anzuwendenden Werkzeug, mit dem wir in den acht wichtigsten Lebensbereichen und im eigenen Selbst, der Mitte, Harmonie und Gleichgewicht herstellen können.

Es ist für neugierige, entdeckungsfreudige Laien geschrieben, die nach einem leichtverständlichen Leitfaden suchen, anhand dessen sie ihre Lebensräume nach Feng Shui-Gesichtspunkten beleben können. Am Ende des Buches werden Sie aufmerksamer durch Ihre Wohnung gehen. Sie werden dann kein Feng Shui-Experte sein, aber eine Menge Anregungen gefunden haben, wie Sie mit Bildern, Farben, Formen und Symbolen Ihre Lebensräume so gestalten können, daß Körper, Geist und Seele sich darin entfalten und harmonisch wachsen können.

Feng Shui oder der „Geist" eines Ortes

Wo ist ein sicherer und glückverheißender Ort, um sich niederzulassen? Was macht die Atmosphäre von Lebensräumen aus, in denen Sie sich sofort wohlfühlen, obwohl der Einrichtungsstil vielleicht nicht Ihrem Geschmack entspricht? Weshalb können wir uns in einem Ohrensessel oder einer Hängematte so gut entspannen? Und was ist der Grund, weshalb Sie in dem einen Bett schlaflose Nächte verbringen, während Sie woanders viel besser schlafen? Woran liegt es, daß manche Familien glücklicher, erfolgreicher und gesünder sind als andere?

Ähnliche Fragen wurden und werden überall auf der Welt gestellt und jede Kultur – von unseren höhlenbewohnenden Urahnen über die Mayas bis hin zu uns modernen, westlichen Menschen – hat darauf Antworten gefunden. Manche der gezogenen Schlüsse hatten nur vorübergehend Bedeutung, wurden letztlich von veränderten Bedürfnissen überrollt und gerieten wieder in Vergessenheit. Andere haben ihre Gültigkeit bis heute bewahrt, auch wenn wir sie nur noch unbewußt erahnen.

Feng Shui nennt sich die chinesische Kunst, Antworten auf die eingangs gestellten Fragen zu finden. Es gründet auf der Vorstellung, daß „Geist" und Atmosphäre eines Ortes unsere Lebensenergie steigern oder schwächen können. Schon vor 5 – 6000 Jahren versuchten die Chinesen, einen Zusammenhang zwischen kosmischen Energien und irdischen Kräften herzustellen und ihre Auswirkungen auf den Menschen zu verstehen. In der langen Geschichte des Feng Shui ist das Wissen darüber, wie Lebensräume so gestaltet werden können, daß wir uns in ihnen auf bestmögliche Weise entfalten und entwikkeln können, zu einem vielschichtigen System aus Theorie und Praxis verwoben worden. In ihm spiegeln sich die großen Zusammenhänge von Himmel und Erde ebenso wieder wie die ganz alltäglichen Dinge.

Uns westlichen Verstandesmenschen mag es zunächst verwegen erscheinen, Landschaften, Hausformen und die Art unserer Wohnungsgestaltung in Beziehung zu unseren Lebensumständen zu setzen. Lassen wir uns aber auf die chinesische Art zu denken ein, stellen wir erstaunt fest, daß Feng Shui sich in erster Linie von praktischen Erkenntnissen leiten läßt, die uns Menschen mit den Gesetzen von Himmel und Erde in Verbindung bringen. Feng Shui weist uns einen von vielen Wegen auf, wie wir durch bewußte Aufmerksamkeit und gezielte Gestaltung unsere Umwelt in Übereinstimmung mit unseren Bedürfnissen und Zielen bringen können, um ein erfüllteres und gesünderes Leben zu führen.

Feng Shui bietet einerseits eine Menge einfacher, anwendungsbezogener Hilfsmittel an, mit denen wir die Wohnqualität unserer vier Wände steigern können. Andererseits ist es eine höchst komplexe Kunst und Wissenschaft, deren Beherrschung eine lange Ausbildung und viele Jahre Erfahrung braucht. Astrologie, Geomantie*, die Fünf Elemente, die Himmelsrichtungen, die Fünf Tiere sowie unsere persönlichen Lebensumstände verknüpfen sich im klassischen chinesischen Feng Shui zu einem vielschichtigen Netzwerk, in dem sich alles gegenseitig beeinflußt, unterstützt oder auch vernichtet. Ein undurchdringlicher Dschungel, durch den hiermit eine Bresche geschlagen wird, die auch für Laien den Weg begehbar macht.

*(die Lehre von den irdischen Energiefeldern)

Eine „kleine Hausapotheke"

Wer das Gefühl hat, seine Wohnung mache ihn regelrecht krank, beauftragt am besten einen erfahrenen Feng Shui-Experten und holt sich kundigen Rat ein – so wie Sie einen Arzt aufsuchen, wenn Sie sich ernstlich krank fühlen.

Wenn Sie jedoch nur ein Schnupfen plagt oder Sie Ihr Wohlbefinden ganz allgemein fördern wollen, können Sie schon mit einfachen „Hausmitteln" eine erstaunliche Steigerung Ihrer Lebensqualität erreichen. Deshalb ist dieses Buch so angelegt, daß Sie es wie eine „kleine Hausapotheke" des Feng Shui nutzen können. Es macht Sie mit den grundlegendsten Feng Shui-Erkenntnissen vertraut und zeigt Ihnen, wie Sie mit den Feng Shui-Energiebildern die Energie der wichtigsten Lebensbereiche miteinander in Einklang bringen und verstärken können. Es hilft Ihnen, Ihre Wohnräume mit Lebensenergie anzureichern und sie in Orte schöpferischer Kraft oder entspannender Ruhe zu verwandeln; oder an Ihrem Arbeitsplatz eine Atmosphäre zu schaffen, die Ihren Geist beflügelt, und Plätze der Kraft zu finden, die Ihre Seele nähren und den Körper entspannen. Vor allem aber möchte es Ihnen bewußter machen, wie die feinstofflichen Energien Ihrer unmittelbaren Umgebung auf Sie wirken.

Zahlreiche Bücher versuchen das umfangreiche und über viele Generationen gesammelte Wissen über Feng Shui uns Menschen aus dem Westen nahezubringen. Wer in mehrere Bücher über Feng Shui hineingeschaut hat, merkt bald, daß Widersprüche auftauchen, weil sie jeweils auf unterschiedlichen Schulen und Richtungen beruhen. Andere bieten eine überwältigende Fülle von Informationen und Einzelheiten oder erfordern umfangreiche Berechnungen, die weit über das hinausgehen, was der interessierte Laie benötigt, um die eigene Wohnung zu beleben. Und manche dieser Bücher legt man am Ende mit einem schlechten Gefühl beiseite, weil die eigene Wohnung nun als ein energiefressender Vampir erscheint, der unseren Wünschen nach einer guten Partnerschaft und einem erfolgreichen und gesunden Leben gar keine Chance zu geben scheint.

Die wenigsten Menschen können oder wollen in ihrer Wohnung Wände und Türen versetzen, Toilette und Bad in eine günstigere Ecke bauen oder Fenster zumauern. Und das ist auch meistens gar nicht nötig. Die Feng Shui-

Praxis bietet eine Menge einfacher Hilfsmittel an, mit deren Hilfe Sie Ihre Wohnung so verändern und beleben können, daß sie zu einem Ort mit angenehmer, gesunder Atmosphäre wird. Zu einem Ort, dessen Ausstrahlung jeden, der ihn betritt, mit harmonischer Energie erfüllt und seine Lebensenergie steigert.

Wissenswertes über Feng Shui

Was bewirkt Feng Shui?

Feng  Wind

Shui Wasser

Wer sich für Feng Shui zu interessieren beginnt und wissen will, was Feng Shui eigentlich ist, bekommt eine Menge unterschiedlicher Antworten. Für die einen ist Feng Shui eine geheimnisvolle Kunst, Haus und Umgebung so zu gestalten, daß Erfolg, Gesundheit, Reichtum und Glück wie von selbst einziehen. Andere sehen in Feng Shui eine Mischung aus gesundem Menschenverstand, chinesischer Philosophie und verfeinerter Wohnkultur. Wieder andere begreifen Feng Shui als einen ganzheitlichen Ansatz, kosmische Energien, irdische Gesetzmäßigkeiten und menschliche Bedürfnisse miteinander in Einklang zu bringen.

Für manche ist es schlicht und einfach blödsinniger Aberglaube, aber für fast alle Chinesen und Einwohner der Tigerstaaten* ist Feng Shui eine ernstzunehmende Wissenschaft. Mit ihren Erkenntnissen lassen sich die feinstofflichen elektromagnetischen Energien unserer Umwelt ausbalancieren und harmonisieren. Im Westen rücken einige die psychologische Wirkung in den Vordergrund und sehen darin eine Vorgehensweise, unsere Umgebung bewußter wahrzunehmen und sie den eigenen Bedürfnissen entsprechend zu gestalten.

Was Feng Shui für Sie bedeutet und welche Auswirkungen es auf Ihr Leben haben kann, können Sie nur selbst beantworten, indem Sie sich einfach darauf einlassen und prüfen, was es in Ihrem Leben bewirkt.

---

*(Indonesien, Malaysia, Philippinen, Südkorea, Taiwan & bis Ende 1999 Hongkong)

16

Der Mensch zwischen Himmel und Erde

Im asiatischen Raum umschreibt Feng Shui das jahrtausendealte Bemühen, uns Menschen mit den unbegreiflichen Energien von Himmel und Erde in Einklang zu bringen. Denn wer in Harmonie mit den universellen Gesetzen steht, erfreut sich eines langen und erfolgreichen Lebens.

Theorie und Praxis von Feng Shui wurzeln in der tiefen Überzeugung, daß alles in diesem Universum lebendig ist und sich gegenseitig hervorbringt, ergänzt und wieder auflöst, in einem ewigen Kreislauf aus Werden und Vergehen – dem Tao.

Betrachten wir Feng Shui losgelöst von der taoistischen Weltanschauung, scheint es nur eine Anhäufung von abergläubischen Kunstgriffen und seltsamen Behauptungen zu sein. Doch wer sich etwas näher mit der Philosophie des Taoismus beschäftigt, findet ein schlüssiges Weltbild, das faszinierende Entdeckungen bereithält.

Anfang des Jahrhunderts erschien die erste Übersetzung des uralten Weisheits- und Orakelbuches „I Ging" in Europa. Dem „I Ging" folgte das tiefgründige Meisterwerk „Tao Te King", in dem der alte Weise Lao Tse* den weiten Bogen von den ewig unbegreiflichen Anfängen des Alls, über die einander ergänzenden Gegenpole Yin und Yang, bis hin zu alltäglichen Verrichtungen spannt.

Und schließlich feiert seit ein paar Jahren die chinesische Medizin im Westen große Erfolge. Anfangs noch spöttisch belächelt, sind Akupunktur und Akupressur inzwischen anerkannte Behandlungsmethoden. Immer mehr Menschen ziehen sie der westlichen Medizin vor, weil sie ganzheitlich orientiert und frei von Nebenwirkungen ist.

Nun erobert mit Feng Shui ein weiteres Konzept chinesischer Lebenskunst den Westen.

*(chin. Philosoph, 3. oder 4. Jh. v.u.Z.)

Feng Shui – die Akupunktur des Raumes

Die traditionelle chinesische Medizin geht davon aus, daß unser Körper von Energiekanälen, den Meridianen, durchzogen ist, die ihn mit kosmischer Lebenskraft versorgen. Einerseits treten gesundheitliche Störungen dann auf, wenn der harmonische Fluß dieser Lebensenergie duch die Meridiane gehemmt wird. Mit Hilfe von Akupunkturnadeln werden diese blockierten Stellen durchlässig gemacht, so daß die Energie wieder frei in jede Zelle fließen kann. Andererseits lassen sich strömende Energieflüsse absichtlich stauen oder umleiten, um beispielsweise eine örtliche Betäubung zu erzielen oder zu schnelle und dadurch schädliche Energien zu bremsen.

Ganz ähnlich arbeitet Feng Shui. Auch Landschaften, Häuser und Innenräume werden nach chinesischen Vorstellungen von Energieströmen durchflutet. Berge, Häuser, Wände und Möbel wirken auf den natürlichen Energiefluß und können ihn sowohl behindern als auch beschleunigen.

Feng Shui lehrt, durch gezielte Gestaltung von Innen- und Außenräumen eine fruchtbare und gesunde Umgebung zum Wohnen und Arbeiten zu schaffen. Eine Umgebung, die unsere Lebenskraft und -lust fördert, führt zu Gesundheit und besseren Leistungen, und wer mehr leisten kann, dem winken Wohlstand und Reichtum. Aus diesen Gründen nutzen Chinesen überall auf der Welt Feng Shui.

Tao und Feng Shui

Wind und Wasser, die wörtliche Übersetzung von Feng Shui (siehe S. 15), spiegeln mit einer poetischen Umschreibung den chinesischen Glauben wider, daß alles, was existiert, den ewig fließenden und niemals endenden Bewegungen des Tao unterliegt. Tao, das Absolute, die Leere, das Eine, das ewig Unbegreifliche durchströmt alles, was ist. Es bringt den Himmel hervor und läßt die Erde entstehen. Es bewegt den Wind und läßt das Wasser fließen. Aus ihm entstehen Yin und Yang und jegliches Leben. Anders als die meisten anderen Kulturen verzichtet der Taoismus auf menschenähnliche Götter. Im Taoismus ist alles Energie.

Betrachten wir die Welt mit den Augen eines Taoisten oder Feng Shui-Meisters, bewegen wir uns ständig durch ein dichtes Netzwerk von Energielinien. Je mehr Einsicht wir in diese feinstofflichen Energieströme entwickeln, desto besser können wir ihre Auswirkungen auf unser Leben einschätzen und in unserem Sinne verändern. Ein Weltbild, das übrigens erstaunlich genau mit den komplexen Theorien und Entdeckungen der modernen Quantenphysik übereinstimmt.

Feng Shui ist also weit mehr als nur eine Ansammlung einfacher Lehrsätze und Regeln, um Glück, Gesundheit und Reichtum zu mehren. Vielmehr ist es ein vielschichtiges System, mit dem die Grenzen zwischen den scheinbar alltäglichen Dingen des Lebens und der heiligen Welt aufgehoben werden sollen.

Vor dem taoistischen Hintergrund chinesischen Denkens läßt sich die tiefere Bedeutung, die hinter Feng Shui steht, besser verstehen. Aber die Regeln des Feng Shui gelten für alles Leben und an allen Wohnorten der ganzen Welt. Wir müssen keine Taoisten sein, um sie anzuwenden, auch wenn die Grundgedanken des Feng Shui darin wurzeln. Feng Shui ist keine Religion, sondern gesunder Menschenverstand, verknüpft mit uralten Weisheiten.

Wenn Sie der geschichtliche Hintergrund von Feng Shui interessiert, lesen Sie einfach weiter. Sie können dieses Kapitel aber auch überspringen und das Kapitel „Lebensenergie Chi" aufschlagen und dort weiterlesen.

Die Ursprünge von Feng Shui

Den besten Zugang zu Feng Shui bietet ein Blick zurück auf seine Ursprünge:

Wie überall auf der Welt zogen die Menschen im „Land der Mitte" zuerst als Jäger und Sammler umher und ließen sich später als seßhafte Bauern nieder. Das Schicksal einer Sippe hing eng mit den regelmäßigen Kreisläufen der Jahreszeiten und den Äußerungen von Himmel und Erde zusammen. Ein zu langer, kalter Winter, Überschwemmungen, ein einziges Unwetter, das die Samen und Früchte des Sommers vernichtete, konnte ihr Überleben in Frage stellen. Wer jedoch die Zeichen am Himmel und ihre Auswirkungen auf der Erde rechtzeitig deuten lernte, sicherte sich und seinen Nachkommen die besten Überlebenschancen. „In den Himmel schauen" und „Die Erde betrachten" nannten daher die Alten ihre Bemühungen, die alles beherrschenden Kräfte von Himmel und Erde zu verstehen. Aus der Beobachtung der Natur und ihrer natürlichen Kreisläufe entwickelte sich allmählich eine einerseits sehr sachbezogene, andererseits – für den Uneingeweihten – außerordentlich geheimnisvolle Lehre.

Die praktische Seite bezog sich auf die unmittelbare Umgebung und das bäuerliche Leben. Bestimmte landschaftliche Gegebenheiten und die dort herrschenden Wetterverhältnisse erwiesen sich als besonders günstig, während sich andere als weniger vorteilhaft herausstellten. Im Norden Chinas, wo oft eisige Winde wehen, fiel die Ernte reicher aus, wenn man sich im Schutz von Bergen ansiedelte. In den fruchtbaren Flußlandschaften und im Süden, wo Überschwemmungen die Ernte und Menschen zu vernichten drohten, empfahl es sich, auf höhergelegene Berge und Hügel auszuweichen. So wuchs über Jahrtausende langsam ein lebensnahes Wissen heran, das von Generation zu Generation weitergegeben und erweitert wurde. Die besten Zeiten für Aussaat und Ernte unter bestimmten kosmischen Einflüssen, die günstigste Zeit, ein Haus zu bauen oder Tiere zu jagen, bildeten die praktische Grundlage, aus der schließlich die Landschafts- und die Formenschule des Feng Shui hervorgingen.

Die geheimnisumwobenen Anfänge

Doch die Energien von Himmel und Erde waren nicht immer harmonisch und vorhersehbar, sondern allzu oft unberechenbar und von äußerst lebensbedrohender Gewalt. Die einfachen Zeichen, mit denen man zunächst den Lauf der Sterne und die irdischen Beobachtungen für die Nachwelt festgehalten hatte, wandelten sich allmählich zu einem Orakel- und Weisheitsbuch, dem „I Ging" oder „Buch der Wandlungen". Anfangs so etwas wie ein Kalender für günstige Jagd-, Aussaat- und Erntetermine, wurde es bald zu einem Orakelbuch, das Kaisern, Priestern und Bauern gleichermaßen diente. Schließlich entwickelte es sich zur geistigen und gesellschaftlichen Grundlage chinesischen Denkens und Handelns. Als Weisheits- und Orakelbuch in einem sagt es die Zukunft voraus, erklärt die natürlichen Abläufe des Universums und weiht in die Kreisläufe immerwährender Wandlungen ein.

Neben der Astrologie entwickelte sich das I Ging im Laufe der Zeit zu einem immer ausgeklügelteren System, in dem das Schicksal des Menschen mit den Vorgängen in der Natur verknüpft wird. Die acht Grundzeichen des I Ging, die Trigramme, verkörpern Naturerscheinungen und werden bestimmten Himmelsrichtungen und Lebensbereichen zugeordnet. Aus ihnen entwickelten sich viele wichtige Werkzeuge und Erkenntnisse des Feng Shui, die vor allem in der Kompaßschule* und im Ba Gua (siehe S. 49) eine Rolle spielen.

Aus den Naturbeobachtungen leitete sich gleichzeitig eine Weltanschauung ab, die ungefähr um 2000 v.u.Z. zur chinesischen Volksreligion, dem Taoismus, wurde. Die große Frage der Menschheit, woraus Himmel und Erde hervorgegangen sind und was sie mit Chi, dem „Atem des Lebens", erfüllt, läßt sich nach dem großen Denker Lao Tse so zusammenfassen:

Das Tao ist leer und wesenlos, doch als Urgrund allen Seins wirkt es unerschöpflich. Aus der Leere schafft es Fülle und bleibt doch ewig unerfüllt. Es ist still und doch unüberhörbar. Es ist unbewegt und doch allwirksam. Es war vor Himmel und Erde und wird in alle Ewigkeit sein.

---

*(auf S. 49 kurz erläutert)

Das Tao ist ewig unbegreiflich, das Geheimnis der Geheimnisse, doch aus seiner Urenergie Chi entsteht alles Leben. Chi bringt den Himmel (Yang) und die Erde (Yin) hervor und belebt alle Dinge. Diese Vorstellung von einer allesdurchdringenden Lebensenergie findet sich in allen traditionellen chinesischen Künsten wieder. Sie ist der alles durchziehende Grundgedanke, ohne den die chinesische Kultur, Medizin und schließlich das Feng Shui nicht zu verstehen sind. Chi belebt alles. Es ist die wichtigste Energie im Leben und das zentrale Thema im Feng Shui.

 ## Traditionelles Feng Shui – von Meistern und Schülern

Im Laufe der Jahrhunderte sammelte sich eine gewaltige Fülle von Wissen an, das traditionell von Meistern an ihre Schüler weitergegeben wurde. Meist gab der Vater sein Wissen an den Sohn weiter, oder die Schüler traten schon als Kinder in den Haushalt des Lehrers ein. Um vom Schüler zum Meister zu reifen, vergingen oft Jahrzehnte. Über lange Zeiträume hinweg galt Feng Shui zudem als geheime Wissenschaft, die nur den Mächtigen zur Verfügung stand. Nach Feng Shui-Richtlinien errichteten Kaiser ihre Paläste und suchten die günstigsten Orte für ihre Grabstätten aus. Sowohl die chinesische Mauer als auch die Verbotene Stadt in Peking wurden nach Feng Shui-Regeln erbaut, galten sie doch als bewährtes Mittel, um die eigene Macht zu stärken und die Zukunft des Herrschergeschlechts zu sichern und auszubauen.

China ist ein riesiges Land. Die klimatischen Bedingungen im Norden unterscheiden sich grundlegend von jenen im Süden; und obwohl Gesamtchina auf eine lange, gemeinsame Tradition zurückgreifen kann, gab und gibt es in den verschiedenen Teilen des Landes kulturelle Unterschiede, die auch die Auslegung von Feng Shui beeinflußten. Häufig war das überlieferte Wissen der Feng Shui-Meister auf bestimmte Gebiete beschränkt, in denen sie ihr ganzes Leben verbrachten. Viele Regeln und Zuordnungen, die im Feng Shui für Verwirrung sorgen, beruhen auf diesen örtlich begrenzten Erfahrungen und lassen sich nicht ohne weiteres auf andere Gebiete übertragen, schon gar nicht in Ländern außerhalb Chinas.

Feng Shui heute

Im Gegensatz zu diesen auf bestimmte Gebiete begrenzte Vorgehensweisen und Regeln gibt es andere, die überall gelten, und sie sind es, die Feng Shui in den letzten Jahren über die Grenzen Chinas hinaus bekanntgemacht haben.

Mit den Chinesen, die ihre Heimat verließen, wurde Feng Shui auch in anderen Ländern bekannt. Als unter Mao Tse Tungs Herrschaft hunderttausende Chinesen ins Ausland flohen und sich ein neues Leben aufbauen mußten, erlebte die alte Kunst Feng Shui einen neuen Aufschwung. Für Feng Shui-Anhänger steht außer Frage, daß der überwältigende wirtschaftliche Erfolg von Hongkong und den Tigerstaaten* zum großen Teil auf den Einsatz von Feng Shui-Experten bei der Planung und Gestaltung ihrer Häuser, Büroräume und Fabriken zurückzuführen ist. Noch heute wird in Hongkong von Asiaten keine Bank, kein Büro und kein Laden gebaut, ohne daß Feng Shui-Richtlinien berücksichtigt und zielbewußt angewendet werden.

So viel Erfolg machte natürlich auch den Westen neugierig. Inzwischen schaut mich niemand mehr ratlos fragend an, wenn ich sage, daß ich Feng Shui-Beraterin bin. Jetzt werde ich mit neugierigen, hin und wieder skeptischen, meist aber sehr interessierten Fragen bestürmt.

Lebensenergie Chi

Die Kraft, die alles bewegt

Der wichtigste Baustein des Feng Shui ist die geheimnisvolle, alles belebende Urkraft Chi*.

Die ganze chinesische Kultur baut auf der Annahme auf, daß eine unbegreifliche Urenergie die Welt hervorbringt, alle Dinge beseelt und unerschöpflich mit Lebenskraft versorgt. Diese unsichtbare Energie findet sich in allem, was ist. Es ist die Kraft, die ganze Galaxien erschafft, die den Stein belebt und uns ins Leben bringt. Es ist der kosmische Atem oder Geist, der Wind und Wasser bewegt und die Pflanzen wachsen läßt. Es ist der Lebensstrom, der durch unseren Körper fließt und von Akupunkteuren mit ihren Nadeln beeinflußt werden kann. Und schließlich ist Chi der Kern unseres Seins.

Wie diese unsichtbare Lebensenergie wirkt, woraus sie besteht und wie wir Menschen sie für unsere Entwicklung nutzen können, darauf beruhen alle chinesischen Künste. Obwohl sehr alt, hat die Philosophie mit dem Taoismus eine sehr modern anmutende Weltanschauung gefunden, die chinesische Medizin weist ein erstaunliches Wissen um feinstoffliche Zusammenhänge von Körper, Seele und kosmischer Lebensenergie auf und in den asiatischen Kampfkünsten wird geballtes Chi sichtbar.

In der Kunst des Feng Shui dreht es sich im Wesentlichen um die Frage, wo das beste Chi fließt und wie wir es in unserem Umfeld bestmöglich einsetzen können. Auf der seelischen und geistigen Ebene kann das durch positive Gedanken und Gefühle geschehen – diese Energie strahlt von innen nach außen ab. Mit Feng Shui können wir unsere Wahrnehmung von Energieströmen verfeinern. Gleichzeitig können wir damit unser äußeres Umfeld so gestalten, daß ein freier, ungehinderter Chi-Fluß unser Leben mit Gesundheit, Harmonie, Wohlstand und Selbstsicherheit bereichert.

Der lebendige Energiefluß verschiedener Chi-Arten wirkt nachhaltig auf die Atmosphäre eines Ortes. Dort, wo der Mensch mit seinen Bauten und Straßen in die Landschaft eingreift, verändern sich auch die Strömungen und Geschwindigkeiten des Chi. Je nachdem, wie es beeinflußt wird, ob es sich wei-

*(auch: Qi)

25

terhin in langsamen, sanften Kurven bewegen kann oder in eine gerade, schnelle Bahn gerissen wird, so sind auch die Auswirkungen auf die direkte Umgebung.

Auch Gebäude sind lebende Organismen, ähnlich dem menschlichen Körper. Auf dieselbe Weise, auf die die Energie in unserem Körper jedes Organ, jede Zelle mit frischer Energie und Sauerstoff versorgen muß, damit wir uns gesund und lebensfroh fühlen, sollte Chi ein Haus durchfluten und mit frischer Lebensenergie anreichern können. Der ungehinderte und harmonische Strom des Chi ist Voraussetzung für alle weiteren Feng Shui-Maßnahmen. Das wußten übrigens auch schon die alten Griechen:

Alles fließt

Alles fließt, und nichts dauert.
Du kannst nicht zweimal
in denselben Fluß steigen,
denn anderes und immer anderes
Wasser fließt dir zu.
HERAKLIT*

In der Natur finden sich nur fließende Bewegungen. Der Wind weht in Täler hinein und über Hügel hinweg, er strömt um Steine und Bäume herum und fängt sich manchmal in Wirbeln. Ein natürlicher Bach windet sich durch die Landschaft, verändert im Laufe der Zeit seinen Lauf und nährt dabei weite Landstriche und ihre Menschen. Bis auf wenige kristalline Formen kennt die Natur weder Geraden noch exakt rechtwinklige Formen. Dort, wo Chi nicht frei schwingen kann, sondern in starre Grenzen verwiesen wird, wird es zu schnell, zu hitzig und schlägt in schädliches Sha um. Jeder von uns kennt den scharfen, schneidenden Wind, der sich in den engen Straßenschluchten moderner Städte bildet. Oder die Unruhe und Hektik, die von vielbefahrenen Straßen ausgeht. Dort, wo in den letzten Jahrzehnten Bäche und Flüsse be-

---

*(griech. Philosoph, um 500 v.u.Z.)

gradigt wurden, sind sie zu glatten Kanälen geworden, in denen die lebens-spendende Kraft durch Betonröhren vorbeistürmt oder sich in oft tödlichen Sturzfluten befreit und dabei alles Leben unter sich begräbt.

Jeder Mensch, jedes Tier, jede Pflanze, jedes Element und jedes Ding besitzt eine eigene Form von Lebensenergie, hat ein ureigenes Chi. Sie alle prägen und verändern laufend die Form ihres Chi, indem sie „Informationen" austauschen und aufeinander abstimmen. Jedes Gebäude, jeder Raum und alle Dinge darin beeinflussen das Chi und seine Strömung. Jede Tür und jede Ecke, alle Formen und alle Farben, jede Bewegung innerhalb einer Wohnung, alles wirkt sich auf die Art des Chi und seine Strömungen aus. So wie ein Luftzug durch Möbel, Ecken und Gegenstände aufgehalten, umgeleitet oder verwirbelt wird, so können Sie sich die Chi-Ströme innerhalb Ihrer Wohnung vorstellen.

Fließt diese Energie in sanften Wellen durch die ganze Wohnung und füllt sie mit frischem Sauerstoff und Lebensenergie, sprechen die Chinesen von guter Energie, dem lebensspendenden Chi. Wo diese Energie durch lange und gerade Achsen zu schnell fließt, wo sie dümpelt oder gar fehlt, verwandelt sich Chi in schlechte Energie, in Sha-Chi. Diese Energie spendet keine Kraft sondern raubt Lebensenergie und kann schließlich krankmachen. Es ist, als würden wir ständig im Durchzug sitzen oder an einem Ort leben, dessen Ausdünstungen und Schwingungen Körper und Geist schaden.

Aber auch zu langsam fließendes Chi kann zu Sha werden, etwa wenn es sich auf langen Umwegen durch die Wohnung windet und erst ganz am Ende das Schlafzimmer, Wohn- oder Arbeitszimmer erreicht. Bis dorthin kann das Chi durch Fenster entweichen oder so verlangsamt sein, daß das letzte Zimmer nur noch unzureichend mit Chi versorgt wird. In diesem Fall sollte das Chi durch Spiegel angeregt und beschleunigt werden oder – wie die nebenstehende Zeichnung zeigt – durch die klassischen Feng Shui-Flöten angesaugt werden.

→ Hängen Sie zwei Flöten an der Innenwand über die Tür, wobei deren Mundstücke nach oben zeigen. Die Flöten sollten sich dabei weder

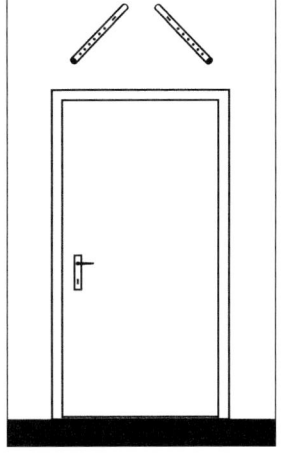

gegegenseitig, noch den Türrahmen oder die Zimmerdecke berühren. Wichtig ist auch, daß die Flöten nicht beschädigt oder angebohrt werden.

Dort, wo das Chi nicht hinreicht oder wirbeln kann, also in den „toten Ecken" eines Zimmers, kann der Energiefluß durch mehr Licht angeregt werden. Eine warm strahlende Lichtquelle in einem solchen Winkel führt sofort zu einer energetischen Verbesserung. Die Hitze der Lampe regt den Luftstrom an und das Licht selbst erzeugt neues Chi, so daß auch in diesen Ecken der Chi-Fluß wieder in Bewegung kommt.

Auch Pflanzen erschaffen ständig frisches Chi und geben es an ihre Umgebung ab, weshalb sie ein wunderbares Heilmittel für gestaute Raumenergien sind. Da Pflanzen ihr eigenes Energiefeld erzeugen, können sie auch eingesetzt werden, um zu schnell fließendes Chi zu bremsen oder ein Entweichen desselben durch die Fenster zu verhindern.

In Räumen, die nie oder nur selten benutzt werden, sammelt sich Sha-Chi. Bringen Sie Bewegung in solche Räume, indem Sie sie öfter betreten und lüften und vielleicht sogar mit neuem Leben erfüllen, indem Sie sie anders nutzen.

Unterschiedliche Erscheinungsformen von Chi

Um den Fluß des Chi zu verstehen und darauf Einfluß nehmen zu können, ist es sinnvoll, die Art und Weise, wie es sich verhält, zunächst einmal in seinen verschiedenen Formen verstehenzulernen.

Der Begriff Chi, kosmische Lebensenergie, umfaßt verschiedene Erscheinungsformen. Es tritt als atmosphärisches Chi in Form von frischer Luft oder Sauerstoff in Verbindung mit negativ geladenen Ionen in Erscheinung. Als Chi des Feuers, zeigt es sich in Form der wärmenden Sonne und des Feuers. Als Licht-Chi wirkt es auf uns in Form des natürlichen Sonnenlichts oder von elektrischem Kunstlicht. Jede Bewegung von Menschen und Tieren, das Wachsen der Pflanzen oder die Ausstrahlung von Gegenständen erzeugt das Chi der Bewegung, das von fließenden Gewässer, wie Brunnen, Wasserfällen oder auf Bildern, verkörpert wird.

All diese Erscheinungsformen von Chi sind mehr oder weniger ausgeprägt überall vorhanden und wirken ständig aufeinander ein. Im Feng Shui gelten eine Landschaft oder eine Wohnung als ideal, wenn alle Chi-Formen harmonisch und ausgeglichen vorhanden sind.

• Das Luft-Chi

Fast alle Menschen fühlen sich draußen, in einer unversehrten Natur wohl. Die frische Luft regt ihre Lebensgeister an, weil der Körper besser mit Sauerstoff und negativen Ionen versorgt wird und dadurch mehr Lebensenergie freisetzen kann. Das Chi der Luft entspricht der Lunge im menschlichen Körper. Wie ein Körper muß auch ein Haus atmen können und ständig mit ausreichend frischem Sauerstoff versorgt werden. Hin und wieder sollten Sie deshalb alle Fenster und Türen öffnen und mit einem kräftigen Durchzug alle verbrauchte Luft und Energie aus den letzten Ecken fegen. Im Unterschied zum einfachen Lüften sollte ein spürbarer Luftzug jeden Winkel der Wohnung erreichen. Empfindliche Zonen wie Bad und Küche brauchen natürlich mehr und öfter frische Luft als andere Bereiche.

Moderne, vollkommen abgedichtete Häuser halten zwar die Wärme im Haus, doch leider auch die Feuchtigkeit. Sie setzt sich an den Wänden ab und bietet dort einen idealen Nährboden für Schimmelpilze. Diese wiederum stehen im Verdacht, unter anderem Asthma, Husten und verschiedene Allergien auszulösen. Auch unsere modernen Möbel, Teppiche und Lacke sondern Ausdünstungen ab, die regelmäßig durch frische Luft ausgetauscht werden sollten.

Frische Luft ist durch nichts zu ersetzen. Das Chi in Räumen mit abgestandener Luft läßt sich nicht einfach mit einem Windspiel, mit Licht oder mit einem Mobile erneuern, sondern nur durch saubere, frische Luft.

Ein gutes Hilfsmittel, um die Frische der Luft in Räumen zu fördern, ist ein Ionisator. Die verbrauchten, positiv aufgeladenen Ionen, die ständig von elektrischen Geräten wie Fernsehern und Computern erzeugt werden, nimmt der Ionisator auf und wandelt sie in negativ aufgeladene Ionen um. Die Raumluft wird spürbar frischer und reiner, denn die Negativionen ziehen Sauerstoff und damit Chi an. Salzkristall-Lampen sind sehr gute und natürlich wirkende Ionisatoren und zudem inzwischen überall günstig zu kaufen.

Herrscht in einer Wohnung oder in einem Raum allerdings dauerhaft Durchzug, weil Türen und Fenster ungünstig liegen oder undicht sind, fließt das Chi zu schnell und verwandelt sich durch die Geschwindigkeit in Sha.

• Das Licht-Chi

Genauso wichtig wie frische, sauerstoffreiche Luft ist für uns das Licht. Das natürliche Licht der Sonne ist eine lebensnotwendige Voraussetzung für jegliches Leben. Wie wichtig es für unser Wohlbefinden ist, merken wir immer dann, wenn es über längere Zeit fehlt: Menschen neigen in den düsteren, lichtarmen Wintermonaten verstärkt zu schwermütigen Verstimmungen. Sowohl für unseren Stoffwechsel als auch für bestimmte hormonelle Funktionen, die entscheidenden Einfluß auf unser Wohlbefinden haben, ist ausreichend Sonnenlicht unerläßlich, da sie vom Licht gesteuert werden. Keine Form der künstlichen Beleuchtung kann das natürliche Licht der Sonne ersetzen.

Das Licht-Chi der Sonne betritt unser Haus durch Fenster und offene Türen. Im Laufe der Jahreszeiten fällt das Sonnenlicht in unterschiedlichen Winkeln in die Räume ein und unbewußt verzeichnet unsere innere Uhr die Daten der Außenwelt und richtet ihre biochemischen Abläufe danach aus.

Zu wenig natürliches Licht-Chi in fensterlosen Büro-, Einkaufs- oder Tagungszentren, sowie fehlendes Luft-Chi sind die häufigsten Ursachen für gesundheitliche Störungen und seelische Verstimmungen, wenn wir uns dort zu lange aufhalten müssen. Ausgehend davon, daß in einem Wald oder auf einer blühenden Wiese hundert Prozent Luft- und Licht-Chi vorhanden sind, weisen die meisten geschlossenen Räume nur noch schlechte Werte auf.

Auch wenn künstliches Licht das Sonnenlicht nicht ersetzen kann, so spielt es im Feng Shui doch eine wichtige Rolle. Mit ihm kann gestautes Chi in energiearmen Winkeln in Bewegung gebracht werden, denn sowohl die Sonne als auch künstliches Licht erzeugen aufsteigende und abstrahlende Wärme, die wiederum das Luft-Chi bewegt. Licht ist zudem maßgeblich für die Stimmung eines Zimmers verantwortlich. Selbst die schönste Wohnung leidet, wenn das Licht nicht stimmt, sie wirkt dann kalt und abweisend.

Eine angenehme Lichtstimmung erreichen Sie am besten durch verschiedene Lichtinseln im Raum. Wenn in Bad, Küche, Wohnzimmer oder Büro eine zentrale Neonlampe kaltes Licht verbreitet, sollten Sie durch ein oder zwei kleinere Lampen zusätzliche Lichtquellen schaffen. Gleichmäßig ausgeleuchtete Räume sind absolut stimmungstötend. Dagegen erhöhen stimmungsvoll ausgeleuchtete Bereiche die Spannung eines Raumes und steigern das Chi.

Aber auch zu viel Licht durch riesige Fensterflächen kann verwirren und ebenso schädlich wie zu wenig Licht sein. Zu viele große Fensterflächen lassen zu viel Licht-Chi herein, und zu viel Luft-Chi entweicht durch sie. Durch Vorhänge, Pflanzen, Raumteiler und schöne Gegenstände läßt sich der Chi-Fluß einstellen. Auch bei gegenüberliegenden Fensterflächen sollten Sie an einem Fenster mit Gegenständen, Regenbogenkristallen oder Blumen Sichtsperren schaffen.

• Das Feuer-Chi

Traditionell bildete das offene Feuer und später der Herd den Mittelpunkt eines Hauses. Hier war der Sammelpunkt gemeinschaftlichen Lebens. Am Feuer wurde das Essen zubereitet und an der Feuerstelle fand man in dunklen Nächten und kalten Wintertagen Geborgenheit und Wärme, während man beieinander saß und redete. Im Feng Shui gilt ein Kachelofen oder ein offener Kamin daher als Herz des Hauses.

So wie das Herz inmitten des Körpers liegt, so sollte auch ein Ofen so zentral wie möglich in der Wohnung stehen und sein wärmendes Chi in alle Räume abstrahlen können. Während früher ein Kachelofen oder ein einzelner Ofen ein Haus beheizte und für kältere oder wärmere Zonen sorgte, sind moderne Häuser zentral beheizt, wodurch überall gleichmäßige Temperaturen herrschen. Das erspart eine Menge Arbeit und Schmutz, doch wird dadurch bei weitem nicht die Stimmung erzielt, die beispielsweise ein flackerndes Feuer in einem offenen Kamin oder ein bollernder Ofen erzeugen.

Zusätzlich verursachen gleichmäßige Temperaturen oft Müdigkeit, weil einerseits zu wenig gelüftet wird, um die kostbare Wärme nicht zu vergeuden, und andererseits von unterschiedlichen Wärme- und Kältezonen eine Reizwirkung ausgeht, die unseren Körper gesund erhält. Das gleichbleibende Kleinklima unserer Häuser macht anfällig für Krankheiten, weil es sich nicht wie das natürliche Wetter über den Tag hinweg verändert und meist viel zu wenig frischen Sauerstoff enthält.

Das Feuer-Chi hängt eng mit dem Luft- und dem Bewegungs-Chi zusammen. Unsere größte Lichtquelle, die Sonne, schenkt uns außer Licht auch noch Wärme. Sie heizt Häusermauern auf und bringt wärmende Sonnenenergie in unsere Wohnungen.

 • Das Bewegungs-Chi

Jeder Mensch, jedes Tier, aber auch Wasser und Wind, kurz alles, was sich bewegt, erzeugt Bewegungs-Chi. In einem Haus, in dem spielende Kinder herumtollen und ständig hinein- und wieder hinausrennen, wird eine Menge gutes Bewegungs-Chi erzeugt. Dagegen findet sich in einer Wohnung, die hauptsächlich zum Schlafen und Fernsehen genutzt wird, wenig Bewegungsenergie.

Bewegung ist Leben, und wenn die Luft in Bewegung gebracht wird und dadurch schwingen und sich vermischen kann, ist das Problem gestauter Energien weitgehend ausgeschlossen. Jedes Haustier, jede Bewegung im Raum, jeder Lufthauch erzeugt Strömungen und bringt feinstoffliche Energien ins

Schwingen. Sie können sich das so ähnlich vorstellen wie ein Strömungsmuster, das ein Mensch oder Auto im Windkanal erzeugt. Jede Art von Bewegung löst unterschiedliche Muster und Wellen aus, die sich ihrerseits an Ecken, Winkeln und Gegenständen in der Wohnung brechen und umgeleitet werden.

Wann immer Sie nach Hause kommen und Ihre Haustür öffnen, tragen Sie frisches, unverbrauchtes Chi von draußen herein und verteilen es durch Ihre Bewegungen im Haus. Auch wenn die architektonischen Voraussetzungen durch gegenüberliegende Eingangs- und Hintertüren oder gegenüberliegende Fenster eher ungünstig sind, gilt: Wo viel Bewegungs-Chi herrscht, verwirbeln sich Energien und es entweicht weniger Chi.

Zudem können vom Chi-Fluß schlecht versorgte Ecken und Winkel eines Zimmers durch bewegtes Wasser oder Wasserfallbilder und durch Tätigkeiten belebt werden. Aber auch zusätzliche Lichtquellen sorgen durch aufsteigende Wärme für Verwirbelung der Raumenergien. Ohne Bewegungs-Chi dümpeln die Energien in einem Raum vor sich hin und verkümmern zu Sha-Chi: In unbewohnten Häusern oder wenig gelüfteten Zimmern verbreitet stehende, tote Luft einen unangenehmen Geruch und die Atmosphäre wirkt meist bedrückend. Dagegen wirken Zimmer, in denen unterschiedliche Menschen mit ihren jeweiligen Chi-Energien für Bewegung sorgen, geistig anregend und beflügelnd – vorausgesetzt, das Chi der Gedanken und Gefühle fördert ein freundliches und entspanntes Miteinander.

Eine sehr zarte Art des Bewegungs-Chi ist das „Blick-Chi". Denn auch unsere Blicke bringen das feinstoffliche Chi in Bewegung und lenken seine Fließrichtung. Betreten wir beispielsweise einen Raum und unser Blick „schießt" durch das gegenüberliegende Fenster hinaus, entweicht mit ihm eine Menge Chi. Abhilfe schaffen in diesem Fall Pflanzen und Klangspiele vor dem Fenster. Aber auch Fenstersprossen und alle Dinge, die den Blick im Raum halten.

• Das innere Chi der Gedanken und Gefühle

Gedanken und Gefühle sind ausgesprochen wirksame Energien, die oft fast körperlich spürbar sind. Die heftigen Gefühle und die magische Anziehungskraft, die die Luft zwischen zwei Verliebten fast sichtbar beben läßt, spüren auch Außenstehende. Wenn in der Schule Arbeiten geschrieben werden, entwickelt sich eine ganz eigene Spannung, die Atmosphäre lädt sich mit starken Gefühlen und geistiger Konzentration auf.

Äußere Umstände, das Schicksal und unsere Umgebung üben einen starken Einfluß auf uns aus. Ob wir wollen oder nicht, wir treten ständig auf vielfältige Weise in Austausch mit unserer Umwelt und reagieren auf sie. Natürlich macht es einen großen Unterschied, ob ein Mensch finanziell sorgenfrei leben kann oder gegenwärtig von der Sozialhilfe abhängig ist. Untersuchungen belegen allerdings immer wieder, daß glückliche Menschen nicht etwa unter besseren Lebensumständen als ihre weniger glücklichen Mitmenschen leben. Es sind ihre zuversichtlichen Gedanken und eine positive Lebenseinstellung, die das Umfeld freundlicher und harmonischer auf sie wirken lassen. Menschen mit einem positiv eingestimmten Lebensgrundgefühl nehmen unangenehme und störende Umwelteinflüsse gelassener und mit mehr Humor. Sie deuten ihre Erfahrungen auf eine Art und Weise, die Sinn stiftet und dadurch als weniger belastend wahrgenommen wird.

Wir Menschen sind es, die von sich aus wertfreien Dingen, Ereignissen und Gegebenheiten Bedeutung beimessen. Ein mißlungener Haarschnitt kann Sie dazu bringen, wochenlang mit jedem Blick in den Spiegel wütend zu werden. Sie können sich dann niedergeschlagen zurückziehen, Ihre Selbstsicherheit verlieren und sich kaum noch unter Menschen wagen. Oder Sie nehmen die mißlungene Frisur als Übung und Herausforderung an, Äußerlichkeiten nicht zu wichtig zu nehmen und zu schauen, was Sie außer äußeren Werten noch zu bieten haben.

Wie wir die Welt deuten und uns selbst in Zusammenhang zu ihr stellen, entscheidet darüber, wie wir uns fühlen und was wir über uns selbst denken. Gewissermaßen gestaltet jeder von uns seine ganz persönliche Welt, indem er den Dingen durch Gedanken und Gefühle Bedeutung und Kraft verleiht.

Ihre Gedanken, Vorstellungen und Gefühle sind die Bausteine des inneren Feng Shui. Durch eine positive, bejahende Einstellung können die äußeren Feng Shui-Maßnahmen beträchtlich gestärkt werden. So ist auch die harmonische Verbindung der inneren, feinstofflichen Gedanken- und Gefühlswelt mit der gegenständlichen Außenwelt ein Hauptanliegen des Feng Shui. Eine Wohnung, die Sie mit Freude und ganz bewußt Ihrem Geschmack und Ihren Bedürfnissen entsprechend einrichten, wird eine ganz andere Ausstrahlung haben, als eine unter Streß, Ärger oder äußerem Zwang bezogene Wohnung. Jede noch so gute Feng Shui-Empfehlung bleibt wirkungslos, wenn Ihre Gedanken oder Gefühle „dagegenarbeiten" oder Sie eine starke Abneigung spüren.

Die drei Ebenen des Glücks

Feng Shui lehrt, wie wir durch innere Einstellung und ein bewußt gestaltetes Umfeld Gesundheit, Zufriedenheit und Glück anziehen können. Dabei sind die Chinesen sich immer darüber im klaren, daß Menschen und Feng Shui nur auf die zwei ersten der drei Glücksebenen Einfluß nehmen können. Diese drei Ebenen unterteilen sich in Menschen-, Erden- und Himmelsglück und geben den Rahmen vor, der unseren Bemühungen einerseits Halt gibt und andererseits Grenzen setzt.

• *Menschenglück* ist das Glück, das wir uns selbst schaffen. Es ist das innere Feng Shui unseres Denkens und Fühlens. Es liegt weitgehend in unseren Händen und kann von jedem selbst gestaltet und beeinflußt werden, zum Beispiel durch Feng Shui in Ihrem Umfeld.

• *Erdenglück* entsteht, wenn das eigene Leben und die Umwelt harmonisch aufeinander einwirken und sich ergänzen. Feng Shui faßt die Beobachtungen und Erkenntnisse vieler Generationen zusammen und lehrt, wie sie umzusetzen sind, um dieses Glück zu bewirken.

• *Himmelsglück* ist Schicksal und läßt sich von Menschen nicht steuern. Vor ihm können wir nur demütig den Kopf neigen, es dankbar annehmen und etwas Gutes daraus machen. Aber auch mit dem Schicksal läßt es sich leichter umgehen, wenn wir uns durch Feng Shui ein harmonisches Kraftfeld schaffen, in dem wir uns aufgehoben und geborgen fühlen.

Die Lebensenergie Chi fließt also in unterschiedlicher Form durch Ihre Wohnung. Um zunächst einmal ein Gefühl für die Strömungsverhältnisse des *Luft-Chi* in Ihrer Wohnung zu erhalten, kann Ihnen folgende, leichte Übung helfen:

→ Stellen Sie sich vor, Ihre Eingangstür würde offenstehen und ein stetiger Luftstrom würde von draußen in Ihr Haus oder in Ihre Wohnung strömen. Tun Sie jetzt so, als ob Sie diesen Luftstrom als farbigen Hauch oder als einen durchscheinenden Schleier durch die Zimmer streichen sehen. Sie sehen wie er frisch und voller Sauerstoffmoleküle hereinströmt, wie er sich aufteilt und durch die verschiedenen Türen in die Zimmer ergießt und durch Fenster oder Türen wieder entweicht.

An welchen Winkeln und Ecken fließt der Luftstrom einfach vorbei, und wo wird er durch Möbel oder Wände verwirbelt und umgeleitet? Welche Bereiche werden hauptsächlich mit frischer Energie aufgeladen, und wo kommt nur noch verbrauchte, schlechte Luft an? Nehmen Sie wahr, wo der Luftstrom auf langen, geraden Bahnen viel zu schnell fließt, und überlegen Sie sich dann, wie Sie ihn in sanfte Bahnen lenken können.

In einem langen Flur können Sie zum Beispiel Möbel und/oder Pflanzen so aufstellen, daß sowohl sichtbar als auch energetisch sanfte Kurven entstehen. Auch mit Bildern oder versetzt aufgehängten Spiegeln, mit unterschiedlichen Farben und Gegenständen oder einem entsprechenden Bodenbelag können Sie einen allzu schnellen Chi-Fluß bremsen. Ziel ist es, den zu geraden Chi-Fluß in sanfte Kurven und schwingende Bahnen umzulenken.

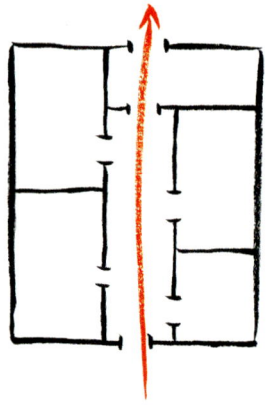

Auf der Abbildung rechts können Sie erkennen, wie das Chi zu einem schnellen, scharfen „Giftpfeil" wird und durch ein Fenster entweicht. Die Räume rechts und links des Flures bekommen wenig Energiezufuhr.

In einem sehr engen Flur lassen sich manchmal keine Pflanzen oder Gegenstände aufstellen. Wenn der Flur hoch genug ist, können Sie mit Klangspielen das Chi bremsen und in die angrenzenden Räume hineinlenken. Klangspiele in einen langen Flur gehängt spiegeln das Chi und bewirken, daß es sanfter weiterfließt (siehe Abb. rechts).

Durch möglichst abgerundete, versetzt aufgestellte Gegenstände, fließt das Chi in Wellen und damit ruhiger und nahrhafter durch den Flur und kann so die Räume füllen. Auch vor dem Fenster am Ende des Flures bremst eine Pflanze oder ein Klangspiel ein allzu schnelles Entweichen des Chi.

Oder Sie erzeugen durch Licht eine starke optische Schlangenlinie, beispielsweise durch versetzt aufgehängte Lampen, die das Licht kegelförmig nach oben strahlen (siehe Abb. links).

Lassen Sie Ihre Phantasie spielen und nutzen Sie hierbei gleichzeitig Ihren gesunden Menschenverstand. Die wirksamsten Feng Shui-Lösungen sind oft einfach und mit wenig Aufwand zu verwirklichen. Ändern Sie zunächst die Dinge in der Wohnung, die den geringsten Aufwand erfordern, und schauen Sie, was geschieht.

→ Nachdem Sie jetzt einen ersten Eindruck von dem Luft-Chi in Ihrer Wohnung haben, prüfen Sie nun, von wo und wie weit das *Licht-Chi* in die Wohnung strömt.

Im Laufe des Jahres fällt das Sonnenlicht in unterschiedlichen Winkeln in die Wohnung ein. Die tiefstehende Wintersonne beleuchtet andere Bereiche als die hochstehende Sommersonne. Vielleicht haben Sie das Glück, in einer

Wohnung oder einem Haus zu leben, das den ganzen Tag und in allen Zimmern von wechselndem Sonnenlicht durchflutet ist. Aber in vielen Wohnungen und Häusern gibt es Räume, denen es an Sonnenlicht mangelt. In solchen Zimmern sollten Sie besonders darauf achten, gut zu lüften und sie stets mit frischem Luft-Chi zu versorgen. Aber auch elektrisches Licht kann hier Abhilfe schaffen, wenn Sie schöne, indirekt beleuchtete Lichtinseln schaffen und kein kaltes Neonlicht verwenden. Energiesparlampen, Halogen- und Neonlicht wirken oft kalt und wenig gemütlich.

Wahrscheinlich haben Sie jetzt schon einen sehr viel deutlicheren Eindruck davon, wie Ihre Wohnung von den verschiedenen Chi-Strömungen durchzogen wird und wo eventuell „tote Ecken" liegen.

Hin und wieder ein kräftiger Durchzug sowie Licht und Pflanzen beleben solche energiearmen Winkel, aber am wirkungsvollsten geschieht das, indem Sie Bewegungs-Chi hineintragen. Vielleicht ist eine bisher ungenutzte, energiearme Ecke ein wunderbarer Platz um dort eine kleine, gemütliche Leseekke einzurichten oder Ihre Schätze aufzubewahren.

→ Betrachten Sie Ihre Wohnung nun unter dem Aspekt des *Bewegungs-Chi*. Meist können wir feststellen, daß es eine Art „Straßensystem" in den einzelnen Zimmern gibt. Die häufig benutzten Wege gleichen vielbefahrenen Bundesstraßen, andere sind eher Hauptstraßen, von denen wiederum kleinere Straßen und selten genutzte Seitenwege abgehen. Fügen Sie in Gedanken die unterschiedlichen „Verkehrswege" zu den anderen Chi-Strömungen hinzu. Wenn Sie nun beispielsweise feststellen, daß in Ihrem langen, geraden Flur mit schnellem Luft-Chi auch noch die Autobahn des Bewegungs-Chi liegt, haben Sie ein deutliches Bild davon gewonnen, wie unterschiedliche Energien sich verstärken können.

Die Möblierung – weniger ist mehr

Chi, in welcher Form auch immer, will frei fließen und – das Sonnenlicht ausgenommen – in sanften Kurven durch Landschaft und Wohnung strömen. Einerseits hemmen zu viele Möbel sowohl unsere Bewegungsfreiheit als auch den Chi-Fluß innerhalb der Wohnung. Andererseits ist es nicht jedermanns Geschmack und in modernen, kleinen Appartments nicht immer möglich, in den Zimmern viele Freiflächen zu lassen. Versuchen Sie, den bestmöglichen Chi-Fluß und Ihr persönliches Verständnis von Behaglichkeit so zu verbinden, daß beides berücksichtigt wird. Im Feng Shui ist jedes Möbelstück, jeder Gegenstand Träger von Chi. Die besten Feng Shui-Maßnahmen können nicht wirken, wenn die Wohnung zu voll und von belastenden Gegenständen überfüllt ist.

Schauen Sie sich in Ihrer Wohnung oder am Arbeitsplatz um, und fragen Sie sich, ob Sie die alte Zeitschrift, das verstaubte Souvenir, das wacklige Möbelstück oder den zehn Jahre alten Wintermantel wirklich noch brauchen. Viel zu viele Dinge stehen, hängen oder liegen nur deshalb noch herum, weil wir uns zu selten fragen, ob sie noch sinnvoll sind und wirklich gebraucht werden. Doch all diese überflüssigen Gegenstände binden Energie und zwar Energie, an der Vergangenheit klebt. In einer solchen Wohnung sind Räume und Wände von Altem belagert und für die Gegenwart und Zukunft ist viel zu wenig Platz. Sie sollten daher Ihre Wohnung und sich selbst von überflüssigen und überholten Erinnerungen befreien, indem Sie öfter einmal beherzt entrümpeln und Platz für neue Energien schaffen.

Auch Sauberkeit und Ordnung tragen wesentlich zu einem guten Energiefluß bei. Tagelang gestapeltes, schmutziges Geschirr, Staubschichten und blinde Fenster sind keine positiven Energieträger, genauso wenig wie Berge von Schmutzwäsche oder übervolle Mülltüten. Das heißt jedoch nicht, daß Sie Ihre Wohnung zu einer keimfreien, peinlich aufgeräumten und blank gewienerten Hochburg der Sauberkeit umrüsten sollen, das würde eher das Gegenteil bewirken. Im Feng Shui geht es vielmehr darum, ein übersichtliches, klares Umfeld zu schaffen, in dem äußere und innere Energien sich gegenseitig fördern und harmonisch aufeinander einwirken.

Zusammenfassung

Chi wird gefördert durch:
sanft geschwungene Wege
weiches, helles, indirektes Licht
sauberes, lebendiges Wasser
Zimmerbrunnen, Aquarien,
Wasserfallbilder
frische Schnittblumen
Seidenblumen
harmonische runde Formen

Pflanzen mit runden,
weichen Blättern
angenehme Gerüche
Ordnung, Sauberkeit
harmonische Klänge
Pflanzen am Eingang

Sha-Chi entsteht durch:
lange, gerade Wege
hartes, grelles Licht
schmutziges, stehendes
fauliges Wasser

welke Blumen, Blätter
Trockensträuße
scharfe, schneidende Ecken und
Formen
Pflanzen mit spitzen, scharfen
Blättern
schlechte Gerüche
Unordnung, Schmutz
unangenehme, schrille Geräusche
Mülltonnen am Eingang

Abhilfe bei Sha-Chi

Das Sha-Chi von langen geraden Wegen und Fluren entschärfen Sie am besten, indem Sie Kurven und Windungen schaffen. Stellen Sie Möbel, Gegenstände oder Pflanzen so auf, daß sichtbar und energetisch sanfte Kurven entstehen.

Unterteilen Sie durch Wandfarben oder Bodengestaltung den langen Weg in Teilabschnitte. Anstelle einer zentralen Lichtquelle können Sie einzelne Lichter versetzt an Wand oder Decke anbringen und so das Chi in Schwingung versetzen.

Scharfe Ecken und Kanten gleichen Sie aus, indem Sie Bänder, Tücher oder Hängepflanzen davorhängen oder große Pflanzen davorstellen.

Abhilfe bei Chi-Mangel

Wo Türen und Fenster einander gegenüberliegen, entweicht zu viel Chi durchs Fenster. Die beste Abhilfe schaffen hier große Pflanzen, geschliffene Kristalle, am besten Bergkristall, und Klangspiele. Beide erzeugen ein eigenes Energiefeld, das das Chi spiegelt und im Raum hält.

Ba Gua: Räume als Erweiterung des eigenen Körpers

Das Ba Gua

Das Ba Gua und die neun Lebensfelder

Die eigene Wohnung nach der Ba Gua-Aufteilung zu untersuchen, ist immer eine sehr aufschlußreiche und interessante Angelegenheit. Wörtlich übersetzt bedeutet Ba Gua „Der Körper des Drachen". In der bilderreichen, chinesischen Sprache gelten Räume als eine Art „erweiterter, lebendiger Körper", dessen einzelne Teile sorgsam aufeinander eingestimmt sein müssen, damit Gesundheit, Wohlgefühl und Glück möglich sind. So wie die einzelnen Teile unseres Körpers bestimmte Funktionen haben, ordnet das Ba Gua jedem Bereich Ihrer Wohnung eine eigene Bedeutung und Aufgabe zu. Jeder einzelne der acht äußeren Zonen wird von einem wichtigen Lebensbereich „bewohnt", während der innere Bereich für Ihr Selbst, Ihre Persönlichkeit und jene Energie steht, die uns ins Leben bringt und erhält.

Wenn Sie gesund sind und sich wohl und glücklich fühlen, sind alle einzelnen Bereiche Ihres Körpers sowie Geist und Seele im Einklang miteinander. Entsprechend untersucht das Ba Gua die einzelnen Zonen einer Wohnung mit dem Ziel, Gleichgewicht und gesunde Ausgewogenheit herzustellen. Das Ba Gua ist ein hilfreiches System, mit dem wir Mängel in einzelnen Lebensbereichen feststellen und ausgleichen können. Es kann helfen, die Energie einzelner Räume oder Zimmerecken so zu verstärken, daß die jeweiligen Lebensziele leichter verwirklicht werden. Vor allem aber ist es ein Hilfsmittel, um bewußter für ein harmonisches Gleichgewicht im Innen und Außen zu sorgen.

Feng Shui rät, ein Haus, eine Wohnung, so ebenmäßig und ausgewogen wie möglich zu bauen. Damit wird sichergestellt, daß alle „Körperteile des Drachen" vorhanden sind. Dort, wo eine Wohnung oder ein Raum von der Idealform des Ba Gua abweicht und Fehlbereiche aufweist, sollten sie im Sinne der Vollständigkeit in einem anderen Raum ausgeglichen, betont oder verstärkt werden.

Wie oben so unten, wie im Großen so im Kleinen

Seit jeher sprechen alte Überlieferungen von universellen Gesetzmäßigkeiten, aus deren Grundstrukturen sich unser Universum aufbaut. In China haben große Denker wie Lao Tse und Konfuzius* sich mit diesen Zusammenhängen beschäftigt, und auf ihren Einsichten und Erkenntnissen beruhen sowohl die chinesische Religion als auch die meisten gesellschaftlichen Regeln. Die Grundlage esoterischen Denkens im Westen sind die „Hermetischen Schriften" des mythischen Hermes Trismegistos**. Er stellte fest, daß jedes noch so kleine Ereignis und jedes Muster sich in größeren Zusammenhängen widerspiegelt: Wie oben so unten, wie im Großen so im Kleinen – was sich im Makrokosmos abspielt, läßt sich im Mikrokosmos wiederfinden und umgekehrt. Eine Erkenntnis, die heute die moderne Wissenschaft von der Astronomie über Biochemie bis zur Atomforschung ständig mit neuen Erkenntnissen untermauert.

Der Zellbiologe und Biochemiker Rupert Sheldrake erregte mit seiner These der „Morphogenetischen Felder"*** vor einigen Jahren viel Aufsehen. In seinen Studien und Forschungen beweist er, daß alles mit allem verbunden ist. Unsichtbar, ungreifbar, aber nachweisbar wirken die Dinge aufeinander ein und beeinflussen sich gegenseitig. Verändern sich beispielsweise Ihre Gefühle zu einem Menschen, wird das Auswirkungen auf diesen haben und ihn anders reagieren lassen – auch wenn Sie kein Wort über Ihre veränderten Gefühle verloren haben. Das gleiche geschieht, wenn Sie Ihre Wohnung neu gestalten und bestimmte Bereiche mit Symbolen und Ihrer Gedankenkraft neu belegen.

Anders ausgedrückt: Unsere Kultur, unsere Erziehung, unser Denken und Fühlen, unsere seelischen Muster und Verhaltensstrukturen, alles, was und wer wir sind, findet im äußeren Umfeld seine Entsprechungen. Verändert sich ein Teil, zum Beispiel Ihre Wohnung, hat dies unausweichlich Auswirkungen auf andere Teile des Systems, also auch auf Ihr Verhalten oder Ihre Persönlichkeit.

So betrachtet spiegelt Ihre Wohnung die gegenwärtige Lage Ihrer Persönlichkeit wider. Das gleiche gilt für bestimmte Lebensbereiche wie Partnerschaft,

---

*(chin. Philosoph, 551 – 479 v.u.Z.) **(Urvater der Alchimie, soll etwa um das Jahr 0 gelebt haben) ***(demnach läßt sich bereits bei einer vorliegenden Zelle hochrechnen, wie die endgültige Form einer Lebensform ist)

Familie, Gesundheit, Freundschaften und Finanzen. Umgekehrt können Sie über Ihr Wohnumfeld Ihre persönliche Entwicklung, Ihre Gesundheit und finanziellen Angelegenheiten beeinflussen.

Symbole und ihre Wirkung

Wenn sich in der Reichtumsecke (siehe Grafik S. 48) Ihrer Wohnung hauptsächlich schmutzige Wäsche anhäuft, dann wird sich vermutlich vor allem die schmutzige Wäsche vermehren und das Thema Geld wird Ihnen wahrscheinlich eher peinlich sein. Läßt sich die Schmutzwäsche nirgendwo anders unterbringen, weil dort nun mal der Anschluß für die Waschmaschine eingebaut ist, erklären Sie beispielsweise die Reichtumsecke Ihres Wohn- oder Arbeitszimmers zum Mittelpunkt dieses Lebensbereiches.

Im Wesentlichen geht es im Ba Gua darum, die entsprechenden Bereiche Ihres Lebens genauer anzuschauen und dort energetisch unterstützend einzugreifen, wo die Dinge sich in Ihrem bisherigen Leben noch nicht zu Ihrer Zufriedenheit entwickelt haben.

→ Im Beispiel mit der schmutzigen Wäsche wäre also ein Ausgleich zu schaffen, indem in einem oder mehreren anderen Zimmern der Bereich für Reichtum gestärkt wird. Am einfachsten tun Sie das, indem Sie dort Gegenstände und Bilder aufstellen und -hängen, die für Sie etwas sehr Wertvolles und Kostbares verkörpern, Dinge, die Ihnen ein Gefühl von Überfluß und reicher Fülle vermitteln. Das können Glückssymbole sein, eine schöne Schale mit Münzen, Wasserfallbilder oder was immer für Sie Reichtum, Wohlstand und Glück bedeutet.

Wann immer wir Menschen etwas mit Bedeutung belegen und unsere Gedankenkraft darauf ausrichten, erhalten an sich wertfreie Dinge eine besondere Kraft. Wir erschaffen ein Symbol. Wir alle leben in einer Welt voller Symbole. Wir bedienen uns ihrer in Träumen, in der Sprache und in unseren Handlungen, auch wenn wir uns dessen oft nicht bewußt sind. Einige Symbole sind tief in unser Unterbewußtsein eingegraben, sie werden weltweit und herkunftsübergreifend von allen Menschen verstanden. Ein freundliches Lächeln und offen dargebotene Hände sind zum Beispiel ein allgemeines Symbol dafür, daß der oder die Fremde willkommen ist. Das gilt für die letzten Steinzeitbewohner dieses Planeten ebenso wie für den zukunftsorientierten Bewohner einer Weltmetropole.

Andere Symbole sind eher kulturell oder religiös bedingt. Jede Religion, jede Gesellschaft besitzt und entwickelt eine Fülle von Symbolen, die ihre Werte und Inhalte verkörpern. Für die Christen ist das Kreuz zu einem wichtigen Symbol geworden, der Adler ist ein beliebtes Symbol, um Macht und Stärke eines Staates zu versinnbildlichen, und der Mercedesstern steht überall auf der Welt für Erfolg, Ruhm und Sicherheit.

Und natürlich hat jede Generation und jeder einzelne Mensch seine ganz persönlichen Symbole, die für ihn etwas ganz eigenes bedeuten. Jeder Gegenstand, jedes Bild, jedes Lied, jede Geste kann zu einem wirkungsvollen Symbol werden, wenn Sie es mit der entsprechenden Bedeutung aufladen. Viele Liebespaare haben ein Lied, „ihr Lied", und jedesmal, wenn sie es hören, erinnern sie sich an Gefühle, an einen Ort und eine Zeit, die in ihrem Innern noch immer lebendig sind und sie immer wieder verzaubern.

Wahrscheinlich steht irgendwo in Ihrer Wohnung eine Schale mit Obst. Diese Schale Obst ist zunächst nichts anderes als eine Schale Obst. Wenn Sie diese Schale und das Obst in ihr nun ganz bewußt mit der Fülle und dem Überfluß der Natur gleichsetzen und in die Reichtumsecke eines Zimmers stellen, wird jeder Griff nach einem Stück Obst Sie, bewußt oder unbewußt, an den Überfluß der Natur erinnern. Legen Sie zudem von nun an nur noch besonders schöne, frische und leuchtende Früchte in diese Schale hinein, haben Sie ein Symbol für die überreiche Fülle der Natur geschaffen. Aus einer einfachen Obstschale ist ein bedeutungsvolles Symbol geworden.

~4~ Reichtum & Glück	~9~ Ruhm & Anerkennung	~2~ Partnerschaft & Ehe
Element: Holz *Farbe*: helles Grün *Richtung*: nach oben strebend	*Element*: Feuer *Farbe*: Rot *Richtung*: nach oben strebend	*Element*: Erde *Farbe*: Gelb/Ocker *Richtung*: waagrecht
~3~ Familie & Gesundheit	**~5~ Mitte**	**~7~ Kinder & Phantasie**
Element: Holz *Farbe*: dunkles Grün *Richtung*: nach oben strebend	*Element*: Erde *Farbe*: Goldgelb *Richtung*: in sich ruhend	*Element*: Metall *Farbe*: Weiß/Silber *Richtung*: nach innen ziehend
~8~ Inneres Wissen & Lernen	**~1~ Karriere & Lebensweg**	**~6~ Hilfreiche Freunde & Unterstützung**
Element: Erde *Farbe*: Gelb/Ocker *Richtung*: nach innen schauend	*Element*: Wasser *Farbe*: Blau *Richtung*: fließend	*Element*: Metall *Farbe*: Weiß/Silber/Gold *Richtung*: nach innen zentrierend

Das Drei-Türen-Ba Gua

Das Ba Gua beruht auf den acht Grundzeichen, den Trigrammen, des „I Ging". In diesem „Buch der Wandlungen" (siehe S. 21) versinnbildlichen sie die Grundbausteine des Universums, auf denen jegliches Leben aufbaut. Je nachdem, wie die durchgezogenen (yang – männlich) oder durchbrochenen (yin – weiblich) Linien zusammengestellt sind, lassen sich mit diesem System alle Naturerscheinungen, Energien, Elemente und Lebensbereiche abbilden und untersuchen.

Alle neun Bereiche des Ba Gua sind einer Himmelsrichtung und einem Element zugeordnet. Darüber hinaus werden sie mit den neun wichtigsten Lebensbereichen gleichgesetzt, die wir alle vom Zeitpunkt unserer Geburt bis zum Moment unseres Todes durchlaufen. Allerdings nicht nur einmal, sondern mehrmals in unserem Leben und auf unterschiedlichen Stufen unserer Entwicklung.

Diese neun Lebensbereiche ordnen sich als Achteck um eine Mitte und bilden die Grundform des Ba Gua (siehe Zeichnung links).

Die einzelnen Lebensbereiche sind:
1: Karriere und Lebensweg
2: Partnerschaft und Ehe
3: Familie und Gesundheit
4: Reichtum und Glück
5: Mitte
6: Hilfreiche Freunde und Unterstützung
7: Kinder und Phantasie
8: Inneres Wissen und Lernen
9: Ruhm und Anerkennung

Die Lehre des Feng Shui hat zwei große Ba Gua-Systeme entwickelt. Die „Kompaßschule" des Ba Gua legt die Lebensbereiche streng nach den Himmelsrichtungen fest, die im ursprünglichen Ba Gua den Trigrammen zugeordnet sind. Dieses Kompaß-Ba Gua ist ein umständlicheres System, das umfangreiches Wissen und eine fortgeschrittenere Technik voraussetzt.

Die andere Schule, das „Drei-Türen-Ba Gua", fand ihren Weg über Tibet nach Amerika und Europa. Es ist ein einfaches und dennoch wirkungsvolles Schema, das jeder leicht anwenden kann. Das Drei-Türen-Ba Gua verzichtet auf den Kompaß. Der Leitgedanke bei dieser Vorgehensweise ist, daß der Energiefluß davon bestimmt wird, von wo das Haus, die Wohnung oder das Zimmer betreten wird; es bleibt in seiner Ausrichtung immer gleich und richtet sich nach der Eingangstür des jeweiligen Grundrisses.

Dort, wo die Eingangstür im Grundriß Ihrer Wohnung liegt, ist die sogenannte Grundlinie angesiedelt. Im Westen hat sich das Drei-Türen-Ba Gua wohl auch deshalb durchgesetzt, weil es für interessierte Einsteiger leicht auf die eigene Wohnung zu übertragen ist, ohne auf besondere Feng Shui-Werkzeuge angewiesen zu sein.

Dieses Buch bezieht sich auf das Drei-Türen-Ba Gua und die folgenden Seiten sollen Ihnen dabei helfen, diese Vorgehensweise für sich zu nutzen.

Das Ba Gua auf die eigene Wohnung übertragen

Das Ba Gua-Raster läßt sich im Großen genauso gut anwenden wie im Kleinen. Sie können damit Ihren Garten gestalten, den Grundriß von Haus oder Wohnung mit der Schablone vergleichen, ein Zimmer in die Ba Gua-Zonen aufteilen oder es auf Ihrem Schreibtisch anwenden. Die Eingangstür kennzeichnet jeweils, wo die Grundlinie liegt. Für das Grundstück ist es das Gartentor, für Haus und Wohnung die Eingangstür, und am Schreibtisch ist die Grundlinie die Tischkante vor Ihrem Sitzplatz. Wenn ich im folgenden von Wohnung spreche, gelten alle Erläuterungen auch für die Form von Grundstücken, Häusern und ihre Etagen, für einzelne Zimmer sowie zur Einteilung des Schreibtisches.

Die wenigsten Gebäude und Wohnungen sind in sich vollkommen. Die meisten weisen Fehlbereiche oder Ausbuchtungen auf, oder die Innenräume teilen sich anders auf, als das Ba Gua es vorgibt. Auch die Art und Weise, wie die meisten Menschen ihr Leben beurteilen, weicht allzu oft von ihrer Idealvorstellung ab. Die meisten glauben, bestimmte Bereiche ihres Lebens ändern zu müssen, damit sie sich gesünder, wohler und zufriedener fühlen. Ein Großteil meiner Arbeit besteht darin, Wohnungen zu besichtigen und die Bewohner dahingehend zu beraten, wie sie Lebens- und Arbeitsbedingungen mit ihren Wünschen, Hoffnungen und Zielen in Übereinstimmung bringen können. Obwohl ihre Wohnung und die Einteilung der Zimmer nicht immer optimal sind.

Andererseits sollte die Überprüfung einer Wohnung anhand des Ba Gua-Schemas immer mit Vorsicht und viel Einfühlung in die besondere Situation durchgeführt werden. Wie in allen Lebensbereichen gilt auch hier: Auch die Ausnahme ist möglich. In meinen Beratungen oder Seminaren erlebe ich durchaus, daß ein Paar harmonisch zusammenlebt, obwohl nach Feng Shui-Regeln der Partnerschaftsbereich ihrer Wohnung in einem eher unglücklichen Zustand ist. Oder daß Menschen unglaublich phantasievoll und erfolgreich arbeiten, obwohl sich auf ihrem Schreibtisch unerledigte Aufgaben und Arbeiten häufen und ihr Arbeitsplatz noch dazu ungünstig liegt.

Ba Gua und Feng Shui im Allgemeinen wirken, weil sie auf universellen Gesetzmäßigkeiten aufbauen und mit ihnen zusammenwirken. Doch darüber hinaus haben wir selbst großen Einfluß auf und somit Macht über unser Leben. Nicht allein ungünstige Wohnsituationen führen zwangsläufig zu Krankheit, Stillstand oder einer gestörten Partnerschaft, dazu wirken zu viele einzelne Elemente aufeinander ein. Aber selbst eine gute Partnerschaft kann durch eine entsprechend gestaltete Umgebung noch bereichert werden.

Die Grundrißzeichnung und das Ba Gua-Raster

Zunächst einmal brauchen Sie einen Grundrißplan Ihrer Wohnung. Wenn Sie keinen fertigen Grundriß haben, zeichnen Sie sich einen. Ob Sie dazu normales Kästchenpapier oder Millimeterpapier verwenden wollen, ist eine Frage der persönlichen Neigung und auch, wie genau Sie den Plan anlegen wollen. Versuchen Sie, sich Ihre Wohnung aus der Vogelperspektive vorzustellen, und verschaffen Sie sich einen Überblick. Schätzen Sie dann die Größenverhältnisse der Zimmer zueinander ab und machen Sie sich zunächst eine grobe Skizze, und fertigen Sie dann einen möglichst genauen Grundriß von Haus, Wohnung oder Etagen.

Die Seite, auf der die Eingangstür liegt, ist immer die Grundlinie (von dort zeigt der Pfeil auf den folgenden Abbildungen). Hat Ihr Haus oder Ihre Wohnung mehrere Eingangstüren, gilt der am häufigsten benutzte Eingang als „Haupttür". Sollten Sie zwei Türen gleichhäufig als Eingang nutzen, bestimmen Sie einen als Haupteingangstür und legen dort die Grundlinie an. In der Regel gilt die eindrucksvollere Tür, oder die, die größer, breiter und höher ist, als Eingang.

• Quadratische oder rechteckige Grundrisse

Im Feng Shui gelten rechteckige oc quadratische Grundrisse als ausgewog und damit optimal.

Drehen Sie Ihren Grundrißplan jetzt so, daß der Eingang unten auf der sogenannten Grundlinie liegt. Diese Grundlinie ist der Ausgangspunkt für jede weitere Zuordnung.

Übertragen Sie das Ba Gua-Raster auf Ihren Grundriß, indem Sie ihn in der Höhe und Breite in drei gleichgroße Felder aufteilen. Dazu nehmen Sie am besten ein Lineal mit Milimetereinteilung. Ziehen Sie anschließend gerade Linien durch Ihre Grundrißzeichnung. Jetzt haben Sie auf Ihrem Grundriß ein Raster mit neun gleichgroßen Feldern, das sich aus den acht Lebensbereichen und der Mitte zusammensetzt.

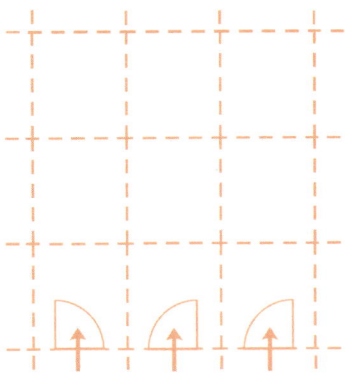

Von der Grundlinie ausgehend, tragen Sie nun die Lebensbereiche in Ihren Grundriß ein. Dabei spielt es keine Rolle, ob sich die Tür im linken, mittleren oder rechten Bereich der Grundlinie befindet.

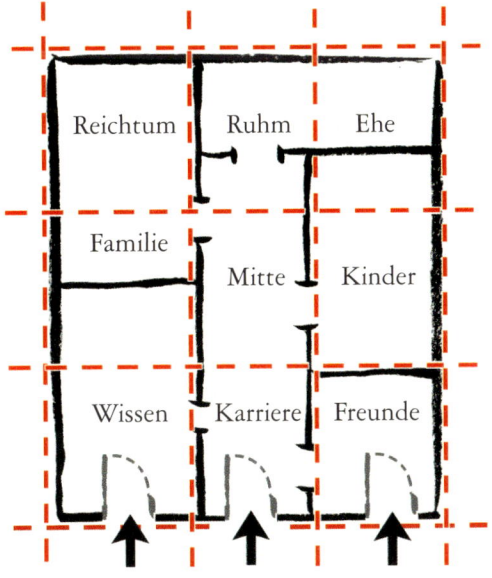

• Unregelmäßige Grundrisse

Eine der am meisten gestellten Fragen in meinen Seminaren ist, wie das Ba Gua-Raster auf eine unregelmäßig geformte Wohnung anzuwenden ist. Auf den folgenden Seiten finden Sie deshalb viele Zeichnungen und Beschreibungen, die Sie Schritt für Schritt dazu anleiten, wie Sie auch bei ungewöhnlichen Wohnungsaufteilungen das Ba Gua-Raster anwenden können.

Die größte Verwirrung und Unsicherheit entsteht aus der Frage, wann eine Wohnung einen Fehlbereich (grau unterlegt) aufweist und wann eine Erweiterung (schraffiert). Dabei ist diese Frage im Grunde ganz einfach zu klären:

Zeichnen Sie um den unregelmäßigen Grundriß Ihrer Wohnung ein Quadrat oder Rechteck, je nachdem, was den Plan am besten umfaßt. Nur kleine Anbauten wie zum Beispiel Erker oder kleinere Ausbuchtungen werden als Ergänzung betrachtet, solange sich in diesen Erweiterungen nicht die Haustür befindet. Liegt die Haustür in einem Anbau oder einer Erweiterung, müssen Sie den rechteckigen oder quadratischen Kasten so um den Grundriß setzen, daß der Bereich der Haustür darin eingeschlossen ist. Einige Feng Shui-Meister, so auch meine Lehrerin Eva Wong, arbeiten überhaupt nicht mit Verstärkungen, sondern nur mit Fehlbereichen.

Sie zeichnen den Kasten also immer so, daß er den ganzen Grundriß umschließt, es sei denn, der Grundriß hat eine kleine Erweiterung ohne die Haustür.

Manchmal ist es nicht leicht zu entscheiden, wann ein Grundriß eine hilfreiche Erweiterung oder einen Fehlbereich aufweist. Grundsätzlich gilt, daß nur bewohnte Teile zählen, Anbauten, Garagen und Schuppen gehören nicht zum Grundriß des Hauses. Ob eine Erweiterung oder ein Fehlbereich vorliegt, entscheidet das Größenverhältnis dieses Teils zum Rest der Wohnung. Erweiterungen sind immer nur kleine Anbauten.

Diese vorragenden Teile gelten als hilfreiche Erweiterung der entsprechenden Zone. Erweiterte und dadurch gestärkte Zonen brauchen normalerweise nicht behandelt zu werden. Dagegen sollten Fehlbereiche immer mit geeigneten Maßnahmen ausgeglichen werden. Im Zweifelsfalle sollten Sie diesen Wohnungsteil als Fehlbereich ansehen.

Als nächstes legen Sie, genau wie bei regelmäßigen Grundrissen, die Grundlinie mit der Haustür fest. Liegt die Haustür nicht auf einer Linie mit dem Rest der Wohnung sondern ist zurückgesetzt, richten Sie sich nach den nachstehenden Zeichnungen, um die Grundlinie festzustellen.

Teilen Sie nun das Quadrat oder Rechteck wieder in neun gleichgroße Felder auf, und ordnen Sie die einzelnen Bereiche des Ba Gua den Feldern zu. Wie immer gehen Sie von der Grundlinie aus. Der Bereich „Karriere" liegt dabei stets in der Mitte der Grundlinie, links davon ist der Bereich „Wissen", rechts davon „Hilfreiche Freunde". In welchem der drei Bereiche die Haustür liegt, spielt dabei keine Rolle.

Fehlbereiche und Verstärkungen

Nachdem Sie die Grundlagenarbeit mit der Grundrißüberprüfung erledigt haben, können Sie jetzt mit einem Blick erkennen, welcher Lebensbereich in Ihrer Wohnung ganz oder teilweise fehlt oder ob eine Verstärkung in dem einen oder anderen Bereich vorliegt.

Sollten Sie jetzt feststellen, daß in Ihrem Haus oder Ihrer Wohnung der Bereich für Partnerschaft oder Reichtum fehlt, geraten Sie nicht in Panik. Sie müssen auch nicht sofort umziehen, um dort jemals auf einen grünen Zweig zu kommen.

Fehlbereiche, aber auch Erweiterungen, deuten vielmehr an, daß der entsprechende Bereich in Ihrem Leben ein Thema sein kann. Der fehlende Raum weist darauf hin, daß hier eine Herausforderung oder eine Lernaufgabe liegt, die durch unser Umfeld widergespiegelt wird. Sie können reagieren, indem Sie die Herausforderung annehmen und daran wachsen. Als Folge davon werden Sie in diesem Lebensbereich besonders stark werden. Oder Sie erleben dort eine Abfolge von Niederlagen, denen Sie sich hilflos ausgesetzt fühlen.

Mit Hilfe des Ba Gua können Sie nun solche Fehlbereiche erkennen und bewußter damit umgehen. Allein dadurch, daß Ihre Aufmerksamkeit auf diesen Lebensbereich gelenkt und mit positiver Energie aufgeladen sowie mit Hilfsmitteln und Verstärkungen unterstützt wird, kann sich schon viel verändern.

Eine Erweiterung deutet dagegen auf eine Verstärkung und Erleichterung im entsprechenden Lebensbereich hin. Aber auch hier gilt: Es mögen sich uns noch so viele Gelegenheiten bieten und Ressourcen bereitliegen, wenn wir sie nicht tatkräftig nutzen und mit ihnen zusammen zu unserem Wohl wirken, können sie sich weder zu unserem Vorteil entwickeln noch reiche Erträge bringen. Und so kommt es nicht selten vor, daß jemand trotz fehlender Reichtumsecke mehr verdient und finanziell mehr Glück hat, als einer, der im Geldbereich eine Verstärkung hat.

Nach einem Vortrag über das Ba Gua kam eine Frau zu mir, sie war sichtlich empört. In ihrer Wohnung fehlte der Partnerschafts- und Ehebereich völlig. „Ich wohne jetzt seit zwanzig Jahren in dieser Wohnung und seit zwanzig Jahren bin ich glücklich verheiratet. Dieses Ba Gua-Schema kann ja wohl nicht stimmen", sagte sie. Ich antwortete ihr, ich sei ziemlich sicher, daß sie ihrem Mann viel Aufmerksamkeit und Zuwendung geschenkt habe und viel Energie in ihre Liebe habe fließen lassen. Sicherlich mehr, als viele andere Partner, und das sei das Ergebnis ihrer Bemühungen. Die Frau wurde nachdenklich und nickte hin und wieder. Am Ende war sie sichtlich gerührt.

Das Ba Gua mit seinen acht Lebensbereichen und uns selbst als Mittelpunkt können wir wie eine Art Spiegelbild nutzen, mit dessen Hilfe wir uns bewußter darüber werden, welche Themen in unserem Leben welche Rolle spielen. Es zeigt auf, welche Herausforderungen anliegen, wo besondere Aufmerksamkeit nötig ist und ob alle Lebensbereiche gleichgewichtig vorhanden sind.

Abhilfe bei Fehlbereichen

In Seminaren erzähle ich oft folgende kleine Geschichte: Stellen Sie sich vor, das Ba Gua sei ein Haus und in jedem der Zimmer wohne ein kleines Wesen. Jedes dieser kleinen Wesen verkörpert einen bestimmten Lebensbereich und hat in diesem Haus einen festen und sicheren Platz. Fehlt einem dieser kleinen Wesen sein rechtmäßiger Platz, weil es diesen Raum in der Wohnung nicht gibt, wird es sich unsicher und ungeliebt fühlen und dadurch Unruhe hervorrufen oder Unfrieden stiften. Geben wir ihm in einem anderen Raum einen festen Platz, indem wir dort seinen Bereich stärken, weiß es wieder, wo es hingehört. Sobald das kleine Wesen merkt, daß es dazugehört und ein sicheres Plätzchen im Haus hat, kann es zur Ruhe kommen und sich harmonisch in das Ganze einfügen.

Fehlen also ein oder mehrere Bereiche in einer Wohnung, können wir ihn in einem anderen Raum verstärken und damit gegenwärtig machen. Wie genau und mit welchen Hilfsmitteln das geht, können Sie ausführlich in den Kapiteln zu den einzelnen Ba Gua-Bereichen nachlesen.

Fehlt in Ihrer Wohnung zum Beispiel der Bereich „Inneres Wissen", legen Sie das Ba Gua-Raster über Ihr Wohn- oder Arbeitszimmer und verstärken Sie dort den entsprechenden Bereich mit geeigneten Mitteln. Das ist immer dann angebracht, wenn ein Bereich ganz fehlen sollte.

♦ Wenn noch ein größerer oder kleiner Teil des Bereiches vorhanden ist, können Sie ihn an Ort und Stelle, im verbleibenden Teil, verstärken (Abb. rechts).

♦ Sie können also fehlende Bereiche leicht ausgleichen, indem Sie den entsprechenden Lebensbereichen in einem anderen Raum einen Platz geben (Abb. links).

♦ Fehlende Bereiche können auch sehr gut sichtbar ausgeglichen werden, indem beispielsweise große Spiegel dort ange-bracht werden, wo der Fehlbereich anfängt, so daß der sichtbare Eindruck entsteht, daß hier ein Raum vorhanden wäre statt eines Fehlbereichs (Abb. rechts).

Wo gleiche ich welche Fehlbereiche aus?

Grundsätzlich können wir im Wohnzimmer jeden fehlenden Wohnungsbereich gut verstärken, aber das kann auch in jedem anderen Raum (außer im Bad und in fensterlosen Abstellkammern) geschehen.

Wirkungsvoller und sehr viel zielgerichteter ist es jedoch, wenn bestimmte Fehlbereiche in einem verwandten Bereich verstärkt und unterstützt werden. Fehlt beispielsweise der Bereich „Familie" im Gesamtgrundriß, ist im Eßzimmer ein guter Platz, diesen Bereich zu beleben. Die Lebensbereiche „Karriere", „Inneres Wissen", „Ruhm" oder „Reichtum" werden im Arbeitszimmer besonders wirkungsvoll ausgeglichen und gestärkt, während „Partnerschaft" und „Kinder" eher im Schlafzimmer einen guten Platz finden.

Bewohnen Sie zum Beispiel ein L-förmiges Haus, können Sie bestehende Fehlbereiche mildern, indem Sie so tun, als ob der Außenbereich zur Wohnung dazugehöre. Eine Möglichkeit dazu ist, den Fehlbereich durch Fliesen, eine Terrasse, eine Pergola und/oder Blumen und Pflanzen klar zu kennzeichnen. Stellen Sie eine Gartenlampe an der Ecke der fehlenden Zone auf oder eine Skulptur, die das Thema dieses Bereiches darstellt. Sie können diesen Bereich auch durch Rosenkugeln betonen, die den Farben dieses Abschnitts entsprechen.

Der Umgang mit Bad und WC

In meinen Beratungen behandle ich die Bereiche, in denen Bad und WC liegen, ähnlich wie Fehlbereiche, da in diesen Räumen die Energie durch die vielen Abflüsse schnell verlorengeht. Wenn also Bad und WC einen ganzen Ba Gua-Bereich einnehmen, sollte das entsprechende Thema in einem oder mehreren anderen Zimmern verstärkt und ausgeglichen werden. Wer will schon sein Geld oder Glück in der Partnerschaft das WC hinunterspülen oder durch den Abfluß davonfließen sehen. Wenn Bad oder WC nur einen Teil des Abschnitts belegen, kann man die Verstärkung im übrigen Teil vornehmen.

Die Aufteilung der Ba Gua-Bereiche

In den seltensten Fällen stimmt der Grundriß unserer Wohnung mit der Aufteilung in die neun Bereiche des Ba Gua überein. Viel häufiger ist es so, daß einzelne Zimmer zwei oder drei Ba Gua-Zonen in sich vereinen. An der schematischen Einteilung in das Ba Gua-Raster ändert das nichts. Wichtig ist, daß alle Lebensbereiche vorhanden sind, beziehungsweise die fehlenden ausgeglichen werden.

Wie wir die Räume nutzen, muß nicht dem Ba Gua-Schema entsprechen. Kinderzimmer müssen also nicht unbedingt im Bereich „Kinder" liegen und Schlafzimmer nicht im Bereich „Partnerschaft". Um im Leben der Bewohner wirken zu können, muß es diesen Lebensbereich im Gesamtwohnraum geben, wo genau er liegt, ist von zweitrangiger Bedeutung.

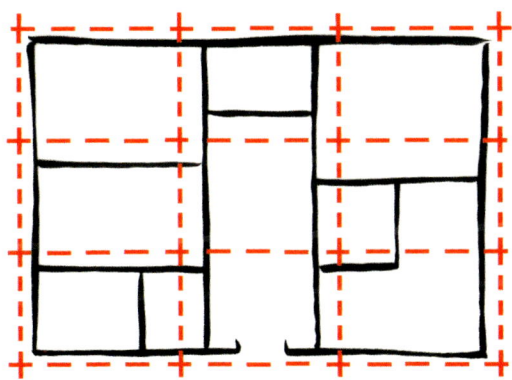

Wenn allerdings ein Ba Gua-Bereich durch mehrere Mauern zerschnitten wird, oder wenn dort Bad, WC, Abstellkammern oder fensterlose Räume liegen, wird sich die Energie dort eher stauen. Ähnlich wie in einem Fehlbereich sollten solche Zonen in einem anderen Raum ausgeglichen und bewußt angeregt werden. Auch Räume, die selten genutzt werden und ein eher stiefmütterliches Dasein führen, sollten Sie dadurch beleben, indem Sie dort gesunde Pflanzen aufstellen, für eine helle, angenehme Beleuchtung sorgen, den Raum öfter betreten und ihm vielleicht sogar einen neuen Nutzungszweck zuweisen.

Die einzelnen Lebensbereiche

Ba Gua 1: Karriere und Lebensweg
Trigramm: Kan – Wasser, auch: Reise

Ba Gua 1:

Karriere und Lebensweg

Für den ersten Bereich im Ba Gua hat sich der Begriff „Karriere" durchgesetzt, obwohl andere Begriffe wie „Lebensweg", „Lebensstrom" oder „Entwicklung" ihn treffender beschreiben. Diese Zone liegt in der Mitte der Grundlinie und ist dem Element Wasser zugeordnet. So wie ein Fluß aus einer Quelle entspringt, durch bergiges Land und weite Ebenen fließt, um schließlich mit dem unendlichen Meer eins zu werden, ist auch unser Leben eine Reise von der Quelle bis zur Mündung. Irgendwo, mitten im Strom des Lebens, befinden Sie sich jetzt gerade, und dieser Teil Ihrer Wohnung zeigt, in welchem Zustand sich dieser Bereich Ihres Lebens befindet.

Ein Fluß kann klar und breit dahinströmen, sich durch enge Felswände zwängen müssen, um wenig später wieder träge und ruhig dahinzufließen. Er kann leicht und sprudelnd dahinplätschern oder sich verdreckt und halb versumpft durch flaches Land wälzen. Sein Wasser kann zu Eis gefrieren und sich in Nebel auflösen. Wie der Fluß bewegen wir uns unser ganzes Leben lang und verändern und entwickeln uns dabei. So wie sich der Flußlauf der Umgebung anpaßt und in sie einfügt, können auch Sie sich dem Fluß des Lebens hingeben und damit leichter vorankommen.

Immer, wenn Sie sich mit Ihrem weiteren Lebensweg beschäftigen, sind Sie mit diesem Bereich verbunden und sollten ihm besondere Aufmerksamkeit widmen. „Karriere" meint also nicht nur unseren beruflichen Werdegang und wie hoch Sie auf der Karriereleiter klettern, sondern umfaßt auch, wie Sie Ihr übriges Leben gestalten. Betrachten Sie diesen Bereich Ihrer Wohnung als Symbol für den äußeren Ausdruck Ihrer Lebensplanung und schauen Sie einmal genau hin, wie er sich Ihnen und anderen darbietet.

Auf der beruflichen Ebene könnten Sie sich fragen, ob Ihr Beruf einfach nur ein Job ist. Oder finden Sie in der Arbeit Erfüllung, weil Sie sich dazu berufen fühlen? Sind Sie Ihren höchsten Werten treugeblieben?

Auf der ganzen Welt gibt es nichts weicheres und anpassungsfähigeres als Wasser, gleichzeitig aber höhlt es den härtesten Stein. Wasser läßt sich durch nichts und niemanden aufhalten und findet immer seinen Weg. Deshalb spiegelt dieser Bereich auch die Art und Weise wider, wie Sie mit den Höhen und Tiefen des Lebens umgehen, ob Sie sich willig Ihrem Schicksal anpassen und auch in schwierigen Situationen neue Ideen entwickeln, ob Sie mutig und tatkräftig Ihre Lebensplanung in die eigenen Hände nehmen oder sich in einem chaotischen Durcheinander verlieren.

Wenn Sie nach einer Lebensvision suchen oder Ihre Ziele genauer in Augenschein nehmen wollen, ist hier der Ideale Ort, an dem Sie Symbole unterstützend einsetzen können, um das zu finden, was Sie suchen.

• Anregungen zur Gestaltung

Dieser Wohnbereich verlangt nach hellen, sanften Farben und fließenden, geschwungenen Formen. Eine Atmosphäre von Weite und Leichtigkeit, der Duft frischer Luft und ein Gefühl von Freiheit sollte Sie beflügeln, sobald Sie diesen Bereich betreten. Stellen Sie nur wenige Möbel in diesen Bereich und sorgen Sie dafür, daß nichts den Durchgang versperrt, oder wollen Sie sich selbst den Weg blockieren?

Wenn Ihr Haus- oder Wohnungseingang im Abschnitt „Karriere" liegt, sollten Sie ihm ganz besondere Beachtung schenken. Es ist der erste Eindruck, den Sie und Ihre Besucher von der Wohnung und damit von Ihnen erhalten. Oft liegen hier Schuhe, Mäntel, Taschen und Schirme herum, die den Weg oder die Sicht versperren. Räumen Sie auf, und verstauen Sie die Sachen hinter Schranktüren oder Schubladen. Der Weg in Ihre Wohnung hinein oder ins Leben hinaus sollte nicht durch unnötige Hindernisse oder „Stolpersteine" erschwert werden.

• Hilfsmittel

Ganz allgemein können Sie diesen Bereich mit der Farbe Blau stärken. Ob Sie die Wände blau malen, blaue Vorhänge aufhängen oder mit blauen Vasen, Schalen oder Licht diesen Bereich gestalten, hängt ganz von Ihrem Geschmack ab.

Alle Dinge, die entweder symbolisch oder tatsächlich das Element Wasser darstellen, sind hier hilfreich. Ein oder mehrere Bilder, die saubere, fließende

Bäche oder Wasserfälle abbilden, ein Boot auf dem Meer oder eine Schale mit täglich erneuertem Wasser werden Sie, bewußt und unbewußt, daran erinnern, worum es in diesem Lebensbereich geht. Auch ein Aquarium oder ein sprudelnder Brunnen bereichern diesen Sektor, jedoch nur, wenn das Wasser stets sauber und rein ist.

Weitere gute Hilfsmittel für diesen Teil der Wohnung oder des Zimmers sind Bilder von Lebenswegen, wie zum Beispiel das berühmte Labyrinth aus der Kathedrale von Chartres, ein geschlängelter Waldweg oder der Weg hinauf auf einen Berg, von dem eine herrliche Aussicht winkt.

Die Energiebilder

Mandala

Der strahlend blaue Grundton des Bildes stärkt das Element Wasser, das in diesem Lebensbereich für Beweglichkeit und Anpassungsfähigkeit sorgt. Unsere Entwicklung wird im Laufe des Lebens von allen Elementen beeinflußt, so daß wir an unterschiedlichen Erfahrungen wachsen können.

Auf der symbolischen Ebene erinnert das berühmte Labyrinth aus der Kathedrale von Chartres, das diesem Mandala zugrundeliegt, an den kurvenreichen Weg des Lebens.

Auch wenn Sie manchmal den Eindruck haben, das eben noch so nahe Ziel wieder aus den Augen verloren zu haben und rückwärts statt vorwärtszugehen, im Labyrinth des Lebens führt jeder Schritt zum Ziel – denn ein Labyrinth kennt im Unterschied zu einem Irrgarten nur diesen Weg.

Ba Gua 1:
Karriere & Lebensweg

Trigramm:
Kan – Wasser, Reise

Element: Wasser

Farbe: Blau

70

Die Energiebilder

Der Tuscheweg

In der Sprache der Seele symbolisiert ein Wanderer die Einsicht, nur vorübergehender Gast auf diesem Planeten zu sein. Am Ende verschmelzen wir wieder mit dem großen unbekannten Sein, aus dem wir bei unserer Geburt aufgetaucht sind.

Wer den Weg des Lebens bewußt gehen will, tut gut daran, manchmal innezuhalten, sich auszuruhen und seinen Weg zu überdenken.

Unser Leben ist keine vorgefertigte Bahn, auf der wir von unsichtbaren Schicksalsfäden vorwärts gezogen werden, sondern – zumindest zu einem großen Teil – eine bewußte Entscheidung darüber, wohin wir uns wenden wollen.

Manche Menschen schleppen überflüssigen Ballast mit sich herum und machen sich die Reise damit unnötig schwer. Dabei reist es sich mit leichtem Gepäck viel unbeschwerter.

Wer den Himmel
nicht in sich trägt,
sucht ihn vergebens
im ganzen Weltall.
OTTO LUDWIG

Ba Gua 1:
Karriere & Lebensweg

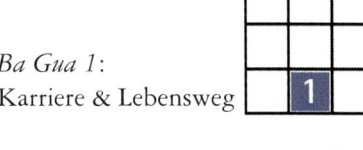

Trigramm:
Kan – Wasser, Reise

Element: Wasser

Farbe: Blau

Die Energiebilder

Landschaften

Das Element dieses Bereichs ist Wasser, und der „Fluß" des Lebens wird hier hauptsächlich eben durch Wasser und die Farbe Blau versinnbildlicht.

Der „Weg" des Lebens ist eine andere Bezeichnung für diesen Bereich. Es ist das Bild einer lebenslangen Wanderung durch unterschiedliche Landschaften. Mal ist der Pfad breit und bequem zu gehen, manchmal steigt er steil bergan und wird schmal und steinig, und dann wieder führt er auf breiten Straßen durch fruchtbare Landschaften. Immer wieder eröffnen sich überraschende Aussichten, und hinter der nächsten Wegbiegung liegt vielleicht schon der Ort von dem Sie immer geträumt haben, oder es bietet sich eine unverhoffte Chance. Lassen Sie sich überraschen, was sich als Nächstes offenbart.

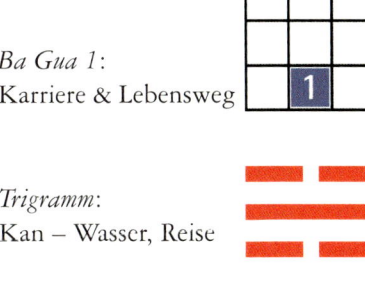

Ba Gua 1:
Karriere & Lebensweg

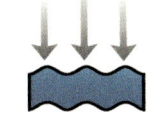

Trigramm:
Kan – Wasser, Reise

Element: Wasser

Farbe: Blau

Ba Gua 2: Partnerschaft & Ehe
Trigramm: Kun – Erde

74

Ba Gua 2:
Partnerschaft und Ehe

Der Bereich „Partnerschaft" liegt immer in der hinteren rechten Ecke von der Grundlinie aus gesehen. Das Element dieses Abschnitts ist die „Große Erde", die empfangende und nährende Kraft, aus der wir hervorgehen und die uns mit allem Lebensnotwendigen versorgt.

Kein Mensch ist eine Insel. Auch wenn wir manchmal gern alleine sind, ohne familiäre und gesellschaftliche Bindungen, fehlt dann ein wichtiger Teil unseres Lebens. Jeder von uns braucht einen Menschen, der ihm nahesteht und Freude und Leid mit ihm teilt.

Im Bereich „Partnerschaft" spiegelt sich also nicht nur die Beziehung zweier Liebenden wider, sondern noch andere, wichtige Teile zwischenmenschlicher Beziehungen. Partnerschaft ist immer dann gegeben, wenn zwei Menschen zusammen ein Ziel verwirklichen und gemeinsam etwas erreichen wollen. Mit diesem Lebensbereich sind alle Lebenssituationen angesprochen, in denen sich zwei Menschen als ebenbürtige Partner begegnen. Das kann der Lebenspartner sein, aber auch der Kollege und Nachbar. Grundlegendes Prinzip einer Partnerschaft ist die Gleichwertigkeit beider Partner, und untrennbar damit verbunden sind Achtung und Respekt voreinander. So steht dieser Bereich auch dafür, verständnisvoll und achtsam mit Lebensgefährten, Kollegen, Mitmenschen und allen Lebewesen umzugehen, die die Erde hervorgebracht hat.

Für die meisten Menschen steht der Wunsch nach einer erfüllten Paarbeziehung ganz oben auf der Liste ihrer Lebensziele. „Liebe genügt sich selbst", sagt man, aber Verliebtheit und romantische Gefühle allein reichen nicht aus, um eine dauerhafte Beziehung aufzubauen. Paaren, denen der Übergang von blinder Verliebtheit in eine dauerhafte Partnerschaft gelungen ist, befolgen alle, ob unbewußt oder bewußt, einige allgemeingültige Regeln:

Ein wesentliches Grundprinzip dieses Universums beruht auf Ausgleich einander entgegengesetzter Interessen. So zieht eine Pflanze während Ihres Wachstums Nährstoffe aus dem Boden und gibt sie im Herbst wieder an ihn zurück, um sie in ihrer nächsten Wachstumsphase wieder aufzunehmen, wieder abzugeben, wieder aufzunehmen ... einem ewigen Kreislauf folgend. Eine Partnerschaft folgt ganz ähnlichen Regeln. Ohne den Wunsch, dem anderen etwas zu geben und auf der anderen Seite von ihm zu nehmen, bleibt eine Partnerschaft oberflächlich und unverbindlich. Eine tiefe Beziehung und glückliche Partnerschaft zu leben, verlangt mehr. Partnerschaft ist ein zerbrechliches Gefüge, das jeden Tag neu belebt und genährt werden will. Jeder kann nur ernten, was er vorher gesät, gepflegt und sorgfältig behütet hat.

Ein weiteres Geheimnis glücklicher Partner liegt darin, daß sie einander als gleichwertig und ebenbürtig achten. Sie nehmen sich so, wie sie sind. So, wie jeder einzelne ist, ist er vom Leben gemeint und „richtig". Nicht im Ändern-Wollen, sondern im Ergänzen drückt sich Liebe aus. Beide fühlen, daß der eine dem anderen etwas geben kann, das ihm selbst fehlt oder ihn herausfordert.

Und wenn eine Trennung unausweichlich ist, erinnern Sie sich der guten Dinge. Lassen Sie den Ärger und den Schmerz nach einer Weile vorübersein und übernehmen Sie Ihren Anteil am Scheitern – die Hälfte. Dadurch werden Sie auf dem Weg zu einer zukünftigen, gelungenen Partnerschaft ein ganzes Stück vorangekommen sein.

• Anregungen zur Gestaltung

Da in diesem Bereich mehrere Aspekte zusammenfließen, sollten Sie ihm besondere Aufmerksamkeit schenken. Zunächst geht es hier um die Beziehung zu einem anderen Menschen. Entfernen Sie daher alle Dinge aus diesem Bereich, die mit Kampf, Konfrontation oder Ausgrenzung zu tun haben oder die Sie an schlechte Erfahrungen mit anderen Menschen erinnern. Wenn Sie Pflanzen und Tiere lieben und sich gerne um sie kümmern, ist dies ein guter Platz, um auszudrücken, daß Sie gerne für jemanden da sind und er oder sie sich auf Sie verlassen kann. Auch ein gemütlicher Sitzplatz in diesem Bereich kann Ihren Wunsch nach Nähe, Geborgenheit und Gesprächen mit ihrem Partner verdeutlichen. Besonders für Frauen ist hier ein guter Ruheplatz, um neue Kräfte zu tanken, da das Element Erde dem weiblichen Prinzip entspricht. Natürlich ist das Schlafzimmer eines Paares hier besonders gut aufgehoben und eine sinnliche, intime Atmosphäre wird der Zweisamkeit sicher guttun.

• Hilfsmittel

Sie können den Partnerschaftsbereich mit den Farben Rot, Gelb, allen Erd-farben bis hin zu Apricot fördern und betonen.

Rot und Rosé sind die Farben der Liebe und die des Feuers und stärken diesen Bereich. Darüber hinaus nährt Feuer im Fütterungskreislauf (siehe S. 159) die Erde, so daß auf der unbewußten Ebene diese Farben als fördernd erlebt werden. Setzen Sie Rot allerdings nur sparsam und zurückhaltend ein, denn zuviel Rot macht eher angriffslustig als liebevoll.

In diesem Bereich sind alle Dinge hilfreich, die Liebe, Partnerschaft und Gemeinsamkeit verkörpern. Im Grunde können Sie alle Gegenstände verwen-den, mit denen Sie liebevolle und einander zugewandte Gefühle verbinden. Das können paarweise angeordnete Dinge wie zwei rote Kissen, Kerzen, Ro-sen, Figuren oder Blumen sein, hier sind Ihrer Phantasie keine Grenzen ge-setzt. Wenn Sie das Erdelement stärken wollen, weil Ihrer Beziehung etwas mehr Standfestigkeit guttun würde, stellen Sie Tongefäße, Keramiken und Natursteine auf. Ein Rosenquarz in diesem Abschnitt stärkt Ihre Herzenergie.

Hängen Sie Bilder von zwei fest verwurzelten Bäumen auf. Bilder von Paa-ren, seien es Menschen, Blumen oder Tiere, gehören in diesen Bereich. In ih-nen sollte zum Ausdruck kommen, daß jeder ein eigenständiges Wesen ist, in Liebe und Harmonie vereint. Auch Bilder von sich und Ihrem Partner sind hier gut aufgehoben.

Aber Vorsicht: Wenn Sie im Moment alleine leben und sich nach einer neu-en Partnerschaft sehnen, sollten hier keine Erinnerungen an verflossene Be-ziehungen und vergangene Zeiten aufbewahrt werden. Lösen Sie sich von der Vergangenheit und ersetzen Sie sie durch Dinge, die in die Zukunft weisen.

Die Energiebilder

Mandala

Dieses Mandala stärkt auf der energetischen Ebene durch den ockerfarbenen Hintergrund, denn dieser Ba Gua-Sektor wird dem Element Erde zugeordnet. Das Motiv ist die Erde als Mutter, die den Samen des männlichen Prinzips empfängt, ihm ihre nährende Kraft spendet und alle Dinge wachsen läßt.

Eine alte Legende erzählt, daß Mann und Frau ursprünglich ein rundes Ganzes waren. Eines Tages schnitt ein eifersüchtiger Gott sie in zwei Teile. Seitdem sind Mann und Frau voller Sehnsucht auf der Suche nach der anderen Hälfte.

In diesem Mandala haben sich die beiden gefunden und setzen die Lebensreise gemeinsam fort.

Ba Gua 2:
Partnerschaft & Ehe

Trigramm:
Kun – Erde

Element: Erde

Farbe: Gelb, Ocker

Die Energiebilder

Der Tuscheweg

Liebe beruht auf gegenseitiger Achtung und Selbstverantwortung, wenn sie die erste Verliebtheit überdauern soll.

Auf unserem Lebensweg ist die Partnerschaft die zweite Station nach unserer Kindheit, bevor wir uns – vielleicht – für die dritte Station, die Gründung einer Familie, entscheiden.

So einfach und stilisiert dieses Paar auch dargestellt ist, es ist spürbar, daß sich die beiden Figuren einander liebevoll zuwenden und großes gegenseitiges Interesse empfinden. Was diese beiden Figuren in schlichter, einfacher Art zum Ausdruck bringen, ist der Kern dieses Lebensbereichs.

Jeder Blick auf dieses Bild kann Sie künftig an eine einfache Weisheit erinnern:

Liebe ist der Entschluß,
das Ganze eines Menschen
zu bejahen,
die Einzelheiten mögen sein,
wie sie wollen.
OTTO FLAKE

Ba Gua 2:
Partnerschaft & Ehe

Trigramm:
Kun – Erde

Element: Erde

Farbe: Gelb, Ocker

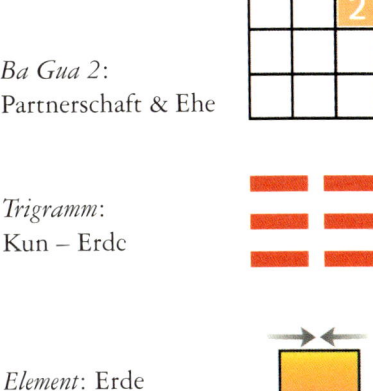

81

Die Energiebilder

Landschaft

Zwei Bäume sind ein schönes Symbol für eine gelungene Partnerschaft: Jeder wächst eigenständig und fest verwurzelt in der Erde dem Himmel entgegen. Und auch wenn sich ihre Äste später berühren und ineinander wachsen, auch wenn ihre Blätter sich gegenseitig bewegen, so bleiben sie doch eigenständige Wesen. Sie stehen zusammen, aber sie wachsen nicht im gegenseitigen Schatten. Sie lassen den Wind zwischen sich tanzen und teilen sich die Nährstoffe der Erde. Und doch trägt jeder stolz seine eigene Krone und achtet die Andersartigkeit des Anderen.

Ba Gua 2:
Partnerschaft & Ehe

Trigramm:
Kun – Erde

Element: Erde

Farbe: Gelb, Ocker

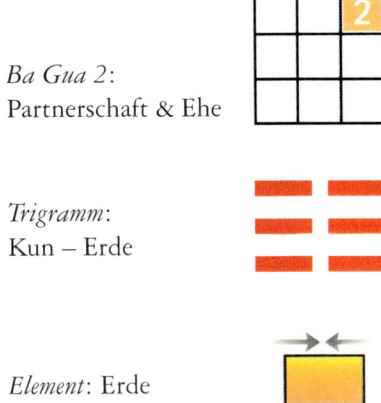

Ba Gua 3: Familie & Gesundheit
Trigramm: Chen – Donner

84

Ba Gua 3:
Familie und Gesundheit

Die dritte Station auf dem Weg durch Ihre Wohnung ist der Bereich „Familie und Gesundheit". Er liegt in der Mitte links von der Grundlinie aus gesehen und hier ist das Element „Großes Holz" zuhause. Es steht für die Kraft, die im frühen Frühling neues Leben hervorbringt und wachsen läßt. Dieser Abschnitt spiegelt unsere gegenwärtige Familiensituation, aber auch unsere familiären Wurzeln wider. Darüber hinaus steht er für unsere Gesundheit und die uns innewohnende Kraft. Da sich unsere Zukunft auf dem Sockel der Vergangenheit aufbaut, lohnt es sich, diesen Bereich Ihres Lebens besonders genau anzuschauen. Einerseits kann hier viel im Verborgenen lauern, andererseits liegt dort eine Kraftquelle, die Ihr Leben beachtlich bereichern kann.

In unserer modernen Gesellschaft stehen die Verehrung von Eltern und der Ahnenkult nicht sonderlich hoch im Kurs. Ganz im Gegensatz zu fast allen Naturvölkern und zur chinesischen Tradition, wo Achtung vor den Ahnen, Dankbarkeit für das gegebene Leben und Demut dem Schicksal gegenüber Teil des täglichen Lebens waren und zum größten Teil noch immer sind. Doch so fortschrittlich wir uns auch geben mögen, in unserer Seele haben diese Werte noch immer große Bedeutung.

Seit Anbeginn der Zeit werden wir alle als Söhne und Töchter von Vätern und Müttern geboren, die wiederum Söhne und Töchter von Müttern und Vätern sind. Jeder von uns wird in ein Familiensystem hineingeboren und von den Schicksalen und Lebensumständen seiner Angehörigen beeinflußt. Doch wie auch immer diese Lebensumstände ausgesehen haben mögen, wer seine Eltern nicht achten und lieben kann, wird auch sich selbst nicht annehmen und glücklich werden können. Er gleicht einem Baum, der lieber ohne seine Wurzeln in den Himmel wachsen möchte.

Um seine Familie zu achten und die eigenen Wurzeln anzuerkennen, müssen wir nicht alles gut finden, was unsere Eltern und Großeltern getan oder unterlassen haben. Wer von seinen Eltern geschlagen, körperlich oder seelisch mißbraucht oder vernachlässigt wurde, wird sich schwertun, dem zuzustimmen und seine Eltern zu achten. Das Geheimnis liegt dann darin, das Verhalten der Eltern von dem zu trennen, was sie im tiefsten Kern sind: Träger der Lebensenergie. Schauen Sie auf Ihre Eltern und die, die vor ihnen waren, und machen Sie sich klar, daß Sie von ihnen das kostbarste aller Geschenke bekommen haben, Ihr Leben. Ohne Ihre Ahnen, Ihre Großeltern und Eltern würde es Sie nicht geben.

Eng mit der Familie verbunden ist unsere körperliche, seelische und geistige Gesundheit. Die Kraft, die Herausforderungen des Lebens zu meistern und sich im eigenen Sinne zu entfalten, hängt weitgehend davon ab, wie gesund und kraftvoll wir ihnen begegnen und wieviel Energie wir dafür aufbringen können. Auch hier lohnt sich ein genauerer Blick auf das, was früher war und heute ist.

Darüber hinaus spiegelt dieser Bereich wider, wie wir mit Rangfolgen umgehen und wie wir uns in eine Gemeinschaft einbringen. Wenn wir nicht wissen, wo in der Familie unser richtiger Platz ist, haben wir meist auch im Berufsleben oder in Gemeinschaften Schwierigkeiten, uns angemessen zu verhalten. Sich zu „klein" oder zu „groß" zu fühlen, keine oder zuviel Verantwortung zu übernehmen, sind typische Auswirkungen davon.

• Anregungen zur Gestaltung

Wenn Sie Probleme mit Ihrer Familie haben oder Ihr Verhältnis zu Vorgesetzten und Lehrern angespannt ist, sollten Sie sich diesem Teil Ihrer Wohnung mit besonderer Aufmerksamkeit zuwenden. Wenn Sie Probleme mit Ihrer Gesundheit haben, ist es besonders wichtig, diesen Abschnitt in jedem Raum klar, hell und freundlich zu gestalten. Der Bereich Gesundheit kann in jedem Zimmer mit gesunden Pflanzen erheblich an Kraft gewinnen. Aber achten Sie darauf, welkende Blätter sofort zu entfernen und kränkelnde Pflanzen aus diesem Bereich herauszuhalten. Schnittblumen sollten hier nur stehen, solange sie wirklich frisch und lebendig wirken. Selbst wenn Sie das Wasser in der Vase nicht sehen können, wechseln Sie es täglich, ebenso das Wasser in Schalen. Trockensträuße sollten Sie hier weder aufstellen noch aufbewahren.

• Hilfsmittel

Familienfotos und Bilder der Ahnen sind hier gut geeignete Mittel, um sich seiner Herkunft bewußter zu werden und sich inmitten seiner Sippe zugehörig zu fühlen. Achten Sie darauf, daß auch hier eine Ordnung sichtbar wird. Wenn Sie Bilder von Großeltern und Eltern aufhängen wollen, können Sie diese Bilder etwas oberhalb Ihrer Augenhöhe aufhängen. Auf diese Weise blicken Sie zu Ihnen auf und fast automatisch stellt sich ein Gefühl von Achtung und Würdigung ein. Wie bei einem Familienstammbaum können Sie die Generationenfolge mit dem Hängen der Bilder verdeutlichen. Dadurch wird die Rangfolge und Ordnung innerhalb der Familie sichtbar, aber auch Zuständigkeitsbereiche werden klar abgegrenzt.

Wenn Sie allerdings mit Ihren Angehörigen hadern oder gar im offenen Streit liegen, sollten Sie lieber auf symbolische Bilder zurückgreifen, die Ihren Wunsch nach Zugehörigkeit, Harmonie und geglückten Beziehungen ohne störende Gefühle zum Ausdruck bringen.

Ansonsten können Sie diesen Bereich durch gesunde, üppige Pflanzen und Blumen mit Wachstumsenergie anreichern. Auch schöne Schalen mit verschiedenen einheimischen und/oder exotischen Früchten gefüllt, Salat und Gemüse einladend in Körben oder Schüsseln dekoriert, fördern sowohl den Appetit als auch Ihr Bewußtsein von einem gesunden Körper. Grundsätzlich gilt: Sie können diese Abschnitte mit allen Gegenständen anregen, die für Sie Leben, Gesundheit und Wachstum darstellen.

Einmal beriet ich einen älteren Mann, der an einer speziellen Asthma-Erkrankung litt und seit Monaten vergeblich auf einen freien Platz in einem Sanatorium wartete. Ich empfahl ihm, stets einen frischen, bunten Blumenstrauß in den Gesundheitssektor zu stellen. Schon nach wenigen Tagen erhielt er die Nachricht, daß in der Kurklinik überraschend ein Platz für ihn freigeworden sei. Ob dieser Platz auch ohne Blumen plötzlich freigeworden wäre?

Bei gesundheitlichen Problemen ist hier noch zu erwähnen, daß im Feng Shui jedem Menschen eine bestimmte Himmelsrichtung zugeordnet wird, die seine Kraft und Gesundheit stärkt. Es gibt einige Feng Shui-Bücher, die darauf eingehen und Ihnen bei der Bestimmung Ihrer persönlichen Himmelsrichtung helfen. Bei ernsthaften Gesundheitsproblemen sollten Sie allerdings den Rat und das Wissen eines Experten einholen.

Die Energiebilder

Mandala

In diesem Mandala strahlt das innere Feuer kraftvoller Lebensenergie nach außen und wächst in vielfältiger Form heran. Dabei verändern sich Farben und Formen, Energiezustände wandeln sich und doch bleiben sie immer mit allem anderen verwoben.

Der Farbverlauf und die Symbole dieses Mandalas entsprechen den Zuordnungen der Chakren*. Vom feurigen Rot des Wurzelchakras im Inneren bis zum Violett des Scheitelchakras entfaltet sich die ganze Bandbreite menschlicher Entwicklung.

Durch die grüne Hintergrundfarbe wird der Holzaspekt dieses Bereiches auf der Ebene der Elemente gestärkt.

Die kräftige, bunte Farbpalette des Bildes verkörpert auch die vielschichtigen und aufeinander einwirkenden Voraussetzungen für körperliche, geistige und seelische Gesundheit.

Ba Gua 3:
Familie & Gesundheit

Trigramm:
Chen – Donner

Element: Holz

Farbe: Dunkelgrün

---

*Die Energiezentren des Körpers: Wurzelchakra (Schoß), Nabelchakra (Bauch), Sonnengeflechtschakra (unteres Brustbeinende), Herzchakra (Brustbeinmitte), Kehlchakra (Kehlkopf), Stirnchakra/Drittes Auge (Stirnmitte), Scheitelchakra (Schädeldachmitte).

Die Energiebilder

Der Tuscheweg

Im I Ging, dem altchinesischen Weisheitsbuch (siehe S. 21), heißt es:

Wenn der Gatte wirklich Gatte ist
und die Gattin Gattin,
wenn der Vater wirklich Vater ist und
der Sohn Sohn,
wenn der ältere Bruder seinen Platz
als älterer Bruder ausfüllt
und die jüngere Schwester ihren Platz
als jüngere Schwester,
dann ist die Sippe in Ordnung.
Ist die Sippe in Ordnung,
so kommen alle Beziehungen
zwischen den Menschen in Ordnung.

Eine Familie, ein System und unser Körper sind dann gesund, wenn alle Teile ihre Aufgabe und Funktion erfüllen, zum Wohl des Ganzen.

Ba Gua 3:
Familie & Gesundheit

Trigramm:
Chen – Donner

Element: Holz

Farbe: Dunkelgrün

91

Die Energiebilder

Landschaften

Ein Baum verkörpert das Element des wachsenden Holzes, das diesem Lebensbereich zugeordnet ist. Grün ist die dazugehörige Farbe, sie fördert und stärkt auf der Ebene der Elemente.

Ein starker Baum ist von Alters her ein kraftvolles Symbol für Gesundheit und Familie. Seine Wurzeln reichen tief in die Erde hinein, sein Stamm steht für ein starkes Rückgrat, und seine Krone wächst dem Himmel entgegen.

Niemand kann bestimmen, wo sein Lebensbaum Wurzeln schlägt. Ob ein Same auf den kargen, windgepeitschten Steilhang eines Berges fällt, auf einer weiten, trockenen Ebene nach Wasser suchen muß oder in einem Garten Eden heranwächst – wo auch immer unser Same keimt, wir schlagen dort mit all unserer Liebe und Kraft Wurzeln. Schauen Sie sich Ihren Stammbaum an. Hier haben Sie einen Platz, und an diesem Platz wächst Ihr Baum in die Höhe und Breite und Tiefe.

Ba Gua 3:
Familie & Gesundheit

Trigramm:
Chen – Donner

Element: Holz

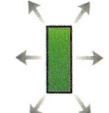

Farbe: Dunkelgrün

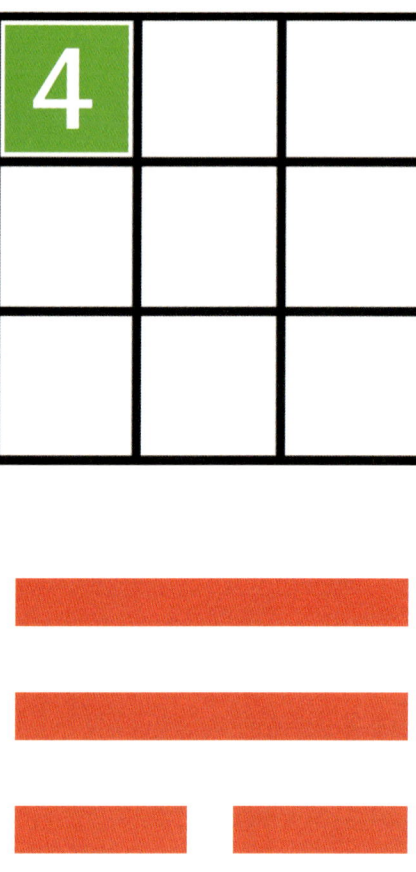

Ba Gua 4: Reichtum & Glück
Trigramm: Sun – Wind

Ba Gua 4:
Reichtum und Glück

Der vierte Bereich, der Lebensbereich von innerem und äußerem Reichtum, Glück und Wohlstand, befindet sich im hinteren, linken Abschnitt von der Grundlinie aus gesehen. Dieser Abschnitt ist dem Element „Kleines Holz" zugeordnet, dem späten Frühling, wenn die Natur mit frischem Grün und üppiger Blütenpracht die Fülle des Lebens darbietet und Augen und Herz erfreut. Eine Zeit, in der neues Leben entsteht, die Sonne jeden Tag etwas wärmer scheint und die Luft mit fröhlichem Vogelgezwitscher erfüllt ist.

Der Wind, das Symbol für Reichtum, weht über das Land und bewegt und berührt alles, was ist. Er trägt die Samen durch die Luft und sorgt damit für Fruchtbarkeit und zukünftige Ernten. Wenn Menschen an Reichtum und Glück denken, schwebt den meisten ein Lottogewinn, ein hohes Einkommen und die Erfüllung aller materiellen Wünsche vor. Dagegen ist nichts einzuwenden. In einer Welt, in der Geld einen hohen Stellenwert genießt und von vielen Sorgen befreit, kommt dem finanziellen Teil des Lebens große Bedeutung zu. Schließlich vermittelt es das beruhigende Gefühl, sich mit allem Lebensnotwendigen versorgen zu können und das zu tun, was einem Spaß macht und Erfüllung bringt.

Wir können ohne Geld nicht leben, und Armut ist eine Einschränkung, die sich niemand zumuten sollte. Schauen Sie sich um, die Natur ist gesegnet mit Überfluß und Reichtum und steht jedem zur Verfügung. Obwohl Geld sich in Münzen, Scheinen, Schecks und in Kontoauszügen verkörpert, ist es in erster Linie fließende Energie. Dieser Energie eine Heimat in unserer Wohnung zu bieten, dafür steht dieser Bereich im Ba Gua.

Doch wirklicher Reichtum und wirkliches Glück sind noch weit mehr. Über den materiellen Wohlstand hinaus ist es ein Gefühl von innerem Reichtum, mit seinem Leben zufrieden zu sein und sich im Universum geborgen zu fühlen. Es ist die Gabe, sich auf ein gesundes Selbstwertgefühl verlassen zu können und einen Sinn in seinem Leben zu finden. Reich ist, wer das Geheimnis inneren und äußeren Reichtums für sich entschlüsselt hat.

Wie der Frühlingswind Überfluß und reiche Samen durchs Land weht und an alle weitergibt, die dafür offen und bereit sind, strömt die Energie des Reichtums durch dieses Universum; wir alle werden täglich davon berührt. Jeden Moment bieten sich kleine und große Chancen, Geschenke und neue Möglichkeiten, mit beiden Händen danach zu greifen, vorausgesetzt, wir nehmen sie wahr. Deshalb wird dieser Bereich auch „Glückreiche Segnung" genannt.

Wenn Sie den Bereich „Reichtum" stärken, ist das eine ständige Erinnerung daran, daß Ihnen Reichtum und Überfluß des Universums zustehen. Lassen Sie diese Energie in Ihre Wohnung fließen, indem Sie die Glücksecke mit Energie aufladen.

- Anregungen zur Gestaltung

Diesem Abschnitt oder den Reichtumsecken in anderen Räumen sollten Sie besondere Aufmerksamkeit widmen, wenn es Ihnen bisher an materiellen Werten eher mangelt. Geld ist eine machtvolle Kraft in unserer Welt, und jeder muß sich damit auseinandersetzen, gleichgültig ob er es schon im Überfluß hat oder täglich dafür kämpfen muß. Wer mit finanziellem Reichtum gesegnet ist, vermißt vielleicht den inneren Reichtum. Andere sind gesund, leben in innerem Frieden, aber die finanzielle Seite ihres Lebens läßt zu wünschen übrig.

Was immer Sie in diesem Raum oder in dieser Ecke Ihres Schreibtisches aufstellen, sollte symbolisch für Fülle und Reichtum stehen und Ihnen wertvoll und kostbar erscheinen.

Selbst wenn es nur Symbole sind, jeder Blick darauf wird Sie zukünftig daran erinnern, daß Ihnen Fülle und Reichtum als Geburtsrecht zustehen. So selbstverständlich wie frische Luft, die der Wind in jeden Winkel weht, wenn wir ihn nicht durch Wände, Fenster und Türen ausschließen.

- Hilfsmittel

Grundsätzlich gilt auch hier: Alle Gegenstände und Symbole, die Sie persönlich an inneren und äußeren Reichtum, Glück und Überfluß erinnern, sind hier gut untergebracht.

Die klassischen Feng Shui-Hilfsmittel für diesen Bereich sind Symbole, in denen der fließende Reichtum und Überfluß der Natur zum Ausdruck kommen. Eine starke Energieaufladung dieses Bereiches erzeugen Bilder von Pflanzen, Wasser oder Wasserfällen oder Zimmerbrunnen und Aquarien, denn im Fütterungskreislauf (siehe S. 159) nährt Wasser Holz. Aquarien mit Goldfischen gelten in China als besonders förderlich für diesen Bereich, weshalb auch in fast allen China-Restaurants ein Aquarium steht. Doch Vorsicht, nur sauberes, klares Wasser unterstützt diesen Bereich und zieht Chi, Glück und materiellen Wohlstand an. Achten Sie deshalb immer auf sauberes, reines Wasser.

Kostbare Kristallschalen und schöne, leere Gefäße ziehen nach Feng Shui das Chi und den materiellen Reichtum an, aber auch ein Geldtöpfchen mit Münzen oder Symbolen für Glück, Gesundheit und Reichtum gefüllt, unterstützen unsere Absicht. Kleine Kristallkugeln in allen Reichtumsecken der Wohnung verteilt, sind ebenfalls gute Hilfsmittel, um Sie daran zu erinnern, daß innerer und äußerer Reichtum Ihnen von Natur aus zustehen.

Ebenso sind feingliedrige Pflanzen wie zum Beispiel Bambus und Papyrus gute Sinnbilder für Reichtum, weil sie üppiges Wachstum verkörpern. Da selbst der leichteste Windhauch sie in Bewegung bringt, ziehen sie auf diese Weise Chi an.

In unserer Kultur gelten vierblättrige Kleeblätter, Hufeisen, Schornsteinfeger-figürchen, Glücksschweinchen und Fliegenpilze als glückbringende Symbole. Was auch immer Ihnen als Glücksbringer und Reichtumssymbol in den Sinn kommt, dekorieren Sie damit den Raum oder die entsprechende Ecke. Und erinnern Sie sich jedesmal, wenn Ihr Blick darauf fällt daran: Ein glückliches, gesundes Leben und Reichtum stehen Ihnen genauso zu wie die Luft zum Atmen.

Hin und wieder kommt es vor, daß mir unerwartet hohe Rechnungen, Strafzettel oder andere finanzielle Unannehmlichkeiten ins Haus flattern. Jedesmal habe ich unverzüglich meine Geldecke, in der auch mein Schreibtisch steht, aufgeräumt, mit frischen Blumen dekoriert, eine Duftlampe angezündet und so den Bereich mit frischer Energie aufgeladen. Und jedesmal sorgte ein unerwartetes Ereignis für einen überraschenden Geldsegen, mit dessen Hilfe die Ausgaben zu bewältigen waren. Mit Feng Shui und dem Ba Gua zu arbeiten ist ein nie endender Prozeß. Die ständigen Veränderungen in unserem Leben erfordern stete Aufmerksamkeit und Erneuerung des Bestehenden.

Die Energiebilder

Mandala

Die Natur gibt großzügig und verschwenderisch von ihren reichhaltigen Gaben. Sie verweigert sich niemandem. Wind, Luft und Wasser, Sonnenlicht und die Früchte der Erde – die Natur macht keinen Unterschied zwischen arm und reich, Tier oder Mensch, würdig oder unwürdig, jeder darf sich bedienen. Auch Sie.

Was immer Sie unter Reichtum und Glück verstehen, erlauben Sie sich einfach ins Füllhorn dieses Universums zu greifen und so viel für sich herauszuholen, wie Sie fassen können. Erlauben Sie sich, wohlhabend und glücklich zu sein und ein erfülltes Leben zu genießen. Es ist Ihr Geburtsrecht.

Ba Gua 4:
Reichtum & Glück

Trigramm:
Sun – Wind

Element: Holz

Farbe: Hellgrün

Die Energiebilder

Tuscheweg

In der asiatischen Kultur genießt der Bambus hohes Ansehen. Vom subtropischen Süden bis in den im Winter eisigen Norden wächst er schnell und üppig heran, deshalb gilt er überall als Sinnbild für rasches Wachstum und gutes Gedeihen.

Kaum eine andere Pflanze läßt sich so vielseitig nutzen wie Bambus: Ob als Gemüse, als Rohstoff für fast alle Gebrauchsgegenstände oder als Baumaterial für Wasserleitungen, Häuser und sogar Hochhausgerüste – wo Bambus wächst, ist für das Leben gesorgt.

Schon der leiseste Windhauch bewegt die zierlichen Blätter und Äste, und doch kann selbst der heftigste Sturm und die größte Schneelast den Bambuszweig nicht brechen. Geschmeidig paßt er sich dem Wetter an und steht danach wieder aufrecht und stolz. So zeigt er gelassene Heiterkeit und beugt sich den Stürmen des Lebens, ohne zu brechen.

Seine außerordentliche Anpassungsfähigkeit, seine Schönheit und die immergrünen Blätter haben den Bambus zudem zum Symbol für ein reiches und erfülltes Lebens gemacht.

Ba Gua 4:
Reichtum & Glück

Trigramm:
Sun – Wind

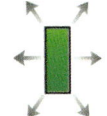

Element: Holz

Farbe: Hellgrün

Die Energiebilder

Landschaft

Wasserfälle sind das klassische Feng Shui-Symbol für Wohlstand, Glück und die fließende Energie des Geldes. Auf der Elementebene füttert Wasser das aufstrebende Holz, das Element dieses Lebensbereichs. Gleichzeitig zieht frisches Wasser sehr viel Chi an und stärkt damit den Energiefluß in dieser Zone.

Wasser ist äußerst anpassungsfähig und gleichzeitig sehr kraftvoll – geduldig höhlt es auch den härtesten Stein.

Wo ausreichend Wasser vorhanden ist, breiten sich fruchtbare Landschaften aus und die Arbeit der Menschen trägt reiche Früchte. Stellen Sie sich vor, Glück und Reichtum würden wie eine Art energetischer Wasserfall ständig auf Sie zuströmen.

Ba Gua 4:
Reichtum & Glück

Trigramm:
Sun – Wind

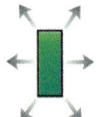

Element: Holz

Farbe: Hellgrün

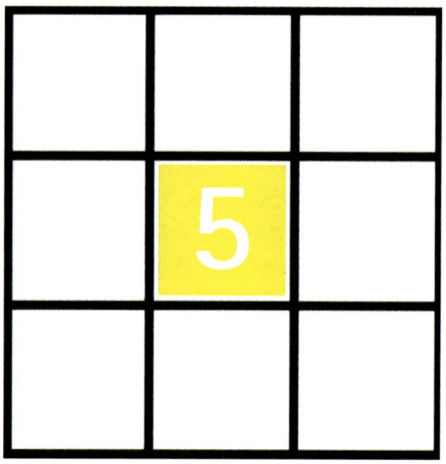

Ba Gua 5: Mitte
Symbol: Yin & Yang – Weiblich & Männlich

Ba Gua 5:

Mitte

Die fünfte Station ist der Bereich der Mitte, das Zentrum, um das sich alles gruppiert. Das Element ist hier die Erde und somit auch jener kleine, wunderbare Planet Erde, der uns das Leben erst ermöglicht. Von kosmischer Energie durchdrungen, bringt unsere Erde alles Irdische hervor und nährt es mit ihren Gaben. Unser Leben spielt sich hier auf dieser Erde ab und ohne ihre Schwerkraft und die Wärme aus ihrem Inneren, ohne den Überfluß an Wasser und Luft, gäbe es keine Pflanzen, Tiere und Menschen auf diesem Planeten.

Die Mitte des menschlichen Körpers liegt etwa zwei Zentimeter unter unserem Bauchnabel. Sie ist das Kraftzentrum unseres Körpers, das Hara oder Tantien, wie die Asiaten es nennen. In allen asiatischen Kampfkünsten spielt diese Zone eine wichtige Rolle. Mit dort gesammelter Kraft sowie daraus zielgerichteter Energie gelingt es zum Beispiel, Steine zu zerschlagen oder unglaubliche Kampftechniken zu beherrschen. Dabei spielt nicht antrainierte Muskelkraft und Schnelligkeit die entscheidende Rolle, sondern die zentrierte, geballte Kraft von Körper und Geist.

In diesem Bereich spiegelt sich unser Selbstausdruck wider und die Art und Weise, wie wir ihn in die Welt hinaussenden. Geistige und körperliche Kraft sowie Gesundheit und die Fähigkeit gesammelter Konzentration sind hier beheimatet.

Jemand, der in seiner Mitte ruht, macht auf uns einen gesammelten, kraftvollen und zugleich entspannten Eindruck. Wir fühlen uns in seiner Nähe wohl und sicher. Im Gegensatz dazu wirkt jemand, der nicht in seiner Mitte ruht, nervös, zerstreut und unangenehm hektisch. So als ob einzelne Teile wild umherschwirren würden, ohne sich auf eine zentrale Mitte zu beziehen.

Vergleichen wir ein Haus oder eine Wohnung mit dem menschlichen Körper, dann übernimmt das Zentrum die Aufgabe, seine gesammelte Kraft in alle umliegenden Räume abzustrahlen und sie mit starker, pulsierender Lebensenergie zu versorgen.

- Anregungen zur Gestaltung

Aus dem Zentrum unseres Körpers schöpfen wir unentwegt Energie für unser tägliches Leben. Wie gut Sie es meistern, wie zentriert und kraftvoll Sie sich fühlen, hängt zum großen Teil davon ab, ob Sie die Kraft in sich nutzen. In der Ruhe liegt die Kraft, das gilt für Ihren Körper ebenso wie für diesen Bereich Ihrer Wohnung. Übereinstimmend damit sollte die Mitte Ihrer Wohnung so frei und ruhig wie möglich gestaltet sein. Mauern, Kamine, wuchtige Möbel und jegliche Unordnung sollten Sie hier vermeiden. Das Chi sollte frei und ungehindert kreisen können.

Wenn im Zentrum Ihrer Wohnung ein enger Flur, eine Abstellkammer oder das WC liegt oder wenn für Schränke, Kommoden und Regale beim besten Willen kein anderer Platz zu finden ist, können Sie folgendes tun: Schaffen Sie sich ganz bewußt in einem anderen Zimmer einen Ersatzmittelpunkt. Wichtig ist vor allem, daß es ein bewußt gestaltetes Zentrum in Ihrer Wohnung gibt, das Sie an die eigene Mitte erinnert und mit ihr verbindet. Ein hell und warm leuchtendes Zentrum vermittelt Sicherheit, und an einer schönen, vielleicht sogar kostbaren Beleuchtung sollten Sie nicht sparen. In den kalten Wintermonaten möchte die Mitte auch immer gut beheizt sein, auch wenn sie beispielsweise mit dem Bereich Eingangstür verbunden ist. Vom Zentrum aus strömt die wärmende Kraft in die umliegenden Bereiche, um sie mit Ruhe, Kraft und Geborgenheit zu versorgen.

- Hilfsmittel

Beispielsweise könnten Sie den Mittelpunkt Ihres Wohnzimmers frei und offen halten und mit einem schönen Teppich, Stein oder Zimmerbrunnen beleben.

Die Farbe Gelb oder alle anderen Erdfarben unterstützen die Kraft der Erde und wirken hier verstärkend. Einen engen Raum im Zentrum können Sie durch Spiegel sichtbar vergrößern. Aber Vorsicht, achten Sie darauf, was sich in ihm spiegelt. Wenn Sie etwas verdoppeln, dann sollte es etwas Erfreuliches sein, etwas, das Sie verstärken und mehren wollen. Wichtig ist, daß ein Spiegel nicht den zur Tür Hereinkommenden widerspiegelt. Auf der energetischen Ebene wird er durch den Spiegel nämlich gleich wieder hinausgespiegelt. Bilder, die Weite oder konzentrierte Sammlung vermitteln, gehören hierher. Ebenso alle bildlichen und gegenständlichen Symbole, die Ruhe und Innerlichkeit verkörpern.

Ein ausgesucht schöner großer Naturstein oder einige kleine Steine verstärken diesen Abschnitt außerordentlich. Schließlich ist ein Stein tief aus dem Inneren der Erde entstanden und ein uraltes Zeichen für Festigkeit, Ruhe und Beständigkeit. Regenbogenkristalle, liegend oder hängend, stehende Bergkristalle oder DNS-Spiralen sind weitere Mittel, um uns in einer scheinbar immer unruhigeren Welt mit unserem stillen Zentrum zu vereinen.

Die Energiebilder

Mandala

Mandalas stärken, weil sie uns mit unserer eigenen Mitte, unserer Seele, unserem Selbst, oder wie immer Sie es nennen, in Verbindung bringen.

Die Farben Gelb und Orange gehören zum Element Erde, das diesem Lebensbereich zugeordnet wird. Dieses Mandala leuchtet von innen, aus der Mitte heraus, und erinnert unbewußt an die wärmende, tief im Zentrum verborgene Kraft der Erde.

Die bunten Punkte, die alle miteinander verbunden und untereinander vernetzt sind, stehen für die Vielfalt des Lebens. Würde auch nur ein Punkt fehlen, wäre diese Erde nicht mehr die gleiche.

Ba Gua 5:
Mitte

Symbol:
Yin & Yang

Element: Erde

Farbe: Goldgelb

Die Energiebilder

Der Tuscheweg

Aus Lehm formt man Gefäße.
Doch erst die Leere, das Nichts,
ermöglicht den Gebrauch.
Dreißig Speichen treffen sich in
der Nabe, doch erst der Leerraum
in der Mitte macht das Rad
nutzbar.
Man baut ein Haus aus Mau-
ern, durchbrochen von Fenstern
und Türen. Doch erst der leere
Raum darin macht das Haus
bewohnbar.
Durch die Materie, das Sicht-
bare, erhalten die Dinge ihre
Form.
Durch das Unsichtbare, die Lee-
re, erhalten sie Sinn und Wert.
LAO TSE

Ba Gua 5:
Mitte

Symbol:
Yin & Yang

Element: Erde

Farbe: Goldgelb

Die Energiebilder

Landschaften

Wirft man einen Stein ins Wasser, bilden sich rund um die Stelle, an der er die Oberfläche durchbrach, wellenförmige Kreise. Gleich diesen konzentrischen Kreisen breiten sich Ihre Gedanken, Gefühle und Handlungen aus und wirken auf Ihre Umgebung ein. Je kraftvoller die eigene Mitte ist, desto stärker verbreiten sich die energetischen Wellen in die Welt hinaus.

Die äußere Welt wirkt auf Sie ein, ganz eindeutig, aber Sie selbst gestalten wiederum Ihre Welt aus der eigenen Mitte heraus.

Ba Gua 5: Mitte

Symbol: Yin & Yang

Element: Erde

Farbe: Goldgelb

113

Ba Gua 6: Hilfreiche Freunde & Unterstützung
Trigramm: Chien – Himmel

114

Ba Gua 6:

Hilfreiche Freunde und Unterstützung

Der sechste Bereich liegt auf der Grundlinie rechts unten. In diesem Abschnitt Ihrer Wohnung sind die „Hilfreichen Freunde" zuhause. Also all die Energien, die Unterstützung, Hilfe und Schutz von außen gewähren. Als Element wird diesem Bereich „Großes Metall" zugeordnet und als Sinnbild der Himmel.

Der Himmel ist weit mehr als das Sternenzelt über uns. Es ist jener Ort, in den wir unsere Wünsche und Hoffnungen schicken. Im Himmel vermuten wir unsere Schutzengel und guten Geister und auch die unsterblichen Seelen all unserer Lieben, die von uns gegangen sind. Deshalb sind auch glückliche Fügungen, scheinbar zufällige Begegnungen, die uns ein Stück weiterbringen, im Bereich „Hilfreiche Freunde" angesiedelt. Das Thema Unterstützung schließt weltliche Lehrer ein, die uns in Schule, Lehre oder Studium weitergeholfen haben. Und ebenso all die spirituellen Lehrer und geistigen Führer, die uns auf dem Weg zu uns selbst zur Seite stehen. In der Welt des Geschäftslebens kommen sie beispielsweise in Form von Kunden daher. Hilfreiche Freunde sind die Musen, die uns plötzlich eine großartige Idee eingeben und ebenso die Geldgeber, mit denen wir das neue Projekt umsetzen können.

Natürlich geht es hier auch um das Thema Freundschaft. Für die meisten Menschen ist Freundschaft ein wertvolles Gut aus dem sie Kraft, Freude und Vertrauen schöpfen. Wenn Sie in einer Krisensituation von Freunden umgeben sind, die Ihnen mit Rat und Tat beistehen, Sie trösten oder einfach nur zuhören, sieht die Welt etwas weniger trostlos aus und die Krise läßt sich leichter meistern. Auf der anderen Seite stellt sich die Frage: Bin ich für andere ein Freund? Bin ich da, wenn ich gebraucht werde? Kann ich einfühlsam zuhören und selbstlos geben und helfen, wenn nötig? Oder sehen Sie in Freundschaften eher ein oberflächliches Miteinander, das in erster Linie dem gemeinsamen Vergnügen dient und Sie vor Einsamkeit bewahrt?

Dieser Abschnitt weist Sie darauf hin, wie Sie mit gelebter Menschlichkeit und spontaner Hilfsbereitschaft umgehen. Er zeigt, inwieweit Sie freundschaftliche Hilfe annehmen können, aber auch, wie es um Ihre tätige Hilfe für Notleidende oder Hilfsbedürftige bestellt ist.

„Je mehr du gibst, desto mehr wird dir gegeben werden", besagt eine alte Binsenweisheit. Sie beruht auf dem universellen Gesetz des Ausgleichs von Geben und Nehmen. Wer anderen Gutes tut, setzt automatisch das Gesetz des Ausgleichs in Bewegung. Manchmal liegt der Ausgleich einfach nur in einem strahlenden, dankbaren Lächeln. Wenn es von Herzen kommt, ist es oft schon genug.

Diesen Abschnitt sollten Sie sich genauer ansehen und stärken, wenn Sie sich oft einsam und abgeschnitten fühlen, weil Sie sich weder von Ihren Mitmenschen angenommen noch in das große Ganze eingebunden fühlen, wenn Sie sich schutzlos und ängstlich fühlen, keine Unterstützung von außen kommt oder Sie diese Hilfe nicht annehmen können. Im Geschäftsleben bleiben vielleicht die Kunden aus, oder die Bank verweigert finanzielle Unterstützung. Möglicherweise verlieren Sie alte Freunde, und neue sind noch nicht in Sicht. In all diesen Fällen sollten Sie diesem Bereich viel Aufmerksamkeit zukommen lassen und ihn mit Symbolen von Gemeinschaft und Zugehörigkeit verstärken.

• Anregungen zur Gestaltung

Die offene Weite des Himmels ist das Sinnbild dieses Bereichs und an ihn sollten Sie sich bei der Einrichtung erinnern. Ein strahlend blauer Himmel und eine wärmende Sonne öffnen die Herzen und machen unser Gemüt heiter. In einer sternenklaren Nacht erahnen wir, wie unendlich das Universum ist und daß unser Planet in ein unermeßliches Ganzes eingebettet ist.

Dieser Teil der Wohnung oder eines Zimmers liebt deshalb Weite und verbindende Elemente. Die lebensspendende Kraft der Sonne sollte durch Helligkeit, Licht und Wärme betont werden. Am besten unterstützen Sie diesen Lebensbereich in Ihrer Wohnung mit hellen, freundlichen Farben und einigen silbern oder golden schimmernden Hilfsmitteln. Je niedriger Sie die Möbel halten, umso höher und weiter wird Ihnen die Decke erscheinen. Gemütliche Sitzgruppen oder Tischrunden sind hier gut untergebracht, weil sie Menschen zusammenführen, entweder um gemeinsam zu essen oder sich in Gesprächen, Spielen oder Arbeit einander zuzuwenden und auszutauschen.

Wenn Ihr Eingang im Bereich 6 liegt, gestalten Sie Ihren Flur am besten so, daß er zu einem einladenden Wohnraum wird und nicht nur als Durchgangsbereich dient. Es ist der erste Eindruck, den Besucher von Ihnen erhalten, und Ihr erster, wenn Sie nach Hause kommen. Es gibt keinen schöneren Platz als diesen, um Ihre Freunde, aber auch ganz allgemein die Gemeinschaft von Menschen zu ehren und ein Gefühl von Zugehörigkeit und Einheit zu pflegen.

Schöne Geschenke von Freunden hier aufzustellen und anzuschauen, fördert eine tiefe geistige und seelische Verbindung, auch wenn die Freunde weit weg sein mögen. Besondere Bedeutung haben Bilder im Eingangsbereich, da sie dem Eintretenden ein erstes Bild Ihrer Persönlichkeit geben.

• Hilfsmittel

Auf der Ebene der Elemente können Sie diesen Bereich mit allen möglichen Metallen verstärken. Silberne oder goldfarbene Schalen und Vasen, Kerzenleuchter oder Lampen abstrakte oder naturalistische Skulpturen aus Metall, verstärken die Energie des sechsten Abschnitts. Ein metallenes Klangspiel ist ebenfalls ein starkes Symbol für Metall, das darüber hinaus durch den Wind des Himmels bewegt, aus einzelnen Tönen ein Ganzes macht. Ein schönes Symbol dafür, wie das Miteinander von individuellen Klängen zu einer Melodie zusammenfindet.

Bilder in diesem Bereich sollten uns entweder in Verbindung mit der geistigen Welt bringen, an hilfsbereite Menschlichkeit oder an gute Freunde erinnern. Da dieser Bereich durch Metall verstärkt wird, können Sie diese Bilder in versilberte oder vergoldete Rahmen setzen und damit ihre Botschaft noch steigern.

Im Fütterungskreislauf der Elemente (siehe S. 159) stärkt und nährt Erde Metall, weswegen Ton- und Keramikgefäße hier gut untergebracht sind. Eine kleine Sammlung von Edelsteinen, wie Kristalle, Rosenquarz, Amethyst etc., verkörpert einerseits das Element Erde, andererseits gehen von ihnen heilende und unterstützende Energieschwingungen aus, die den Raum angenehm beleben. Ebenso wie die rötlichen Salzkristall-Lampen reinigen sie die Atmosphäre und reichern sie gleichzeitig mit reiner Energie an.

Die Energiebilder

Mandala

Die Grundfarbe dieses Bildes ist weiß und stärkt damit das Element Metall dieser Zone. Das ganze Mandala setzt sich aus Menschen zusammen, die auf unterschiedlichen Ebenen einander die Hände reichen. Keiner ist allein, sondern jeder ist mit jedem verbunden. Und wenn einer fällt, fangen ihn die anderen auf. Häufig fließt uns diese Hilfe aus einer anderen, unsichtbaren Ebene zu.

Ein Weiser wurde gefragt, welches die wichtigste Stunde sei, die der Mensch erlebt, welches der bedeutendste Mensch, der ihm begegnet, und welches das notwendige Werk sei.
Seine Antwort lautete:
Die wichtigste Stunde ist immer die Gegenwart, der bedeutendste Mensch immer der, der dir gerade gegenübersteht, und das notwendige Werk ist immer die Liebe.
MEISTER ECKHART

Ba Gua 6:
Hilfreiche Freunde & Unterstützung

Trigramm:
Chien – Himmel

Element: Metall

Farbe: Weiß, Silber, Gold

Die Energiebilder

Der Tuscheweg

Auf diesem Bild strömen Menschen zusammen und vereinen sich in einem Kreis. Ein schönes Symbol dafür, wie unterschiedliche Menschen zusammenfinden, wenn sie von einem gemeinsamen Thema, von einem Ideal oder einer Idee angezogen werden.

Hier steht nicht der Einzelne im Mittelpunkt, sondern die Gemeinschaft. Hilfsbereitschaft, gegenseitige Unterstützung, das Du und nicht das Ich sind die zentralen Themen dieser Zone.

Folge und pflege das Tao in dir, und dein Leben wird zunehmen.
Bejahe und pflege die Nächstenliebe, und dein Leben wird reich.
Pflege und gestalte die Gemeinschaft, und dein Leben wirkt Harmonie und Fülle.
Fördere und pflege dein Land, und dein Leben zeugt Fruchtbarkeit und Wohlstand.
Gestalte und pflege das Tao in der Welt, und dein Leben dient der Einigung unter Menschen.
Wie die Welt beschaffen ist, erkennst du an dir selbst und wie weit du dem Vorbild des Tao folgst.
LAO TSE

Ba Gua 6:
Hilfreiche Freunde & Unterstützung

Trigramm:
Chien – Himmel

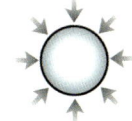

Element: Metall

Farbe: Weiß, Silber, Gold

Die Energiebilder

Landschaften

Ein Stein, ein zarter Farn, ein Baum, aber auch ein Mensch kann seine Wesenheit dann am besten entfalten, wenn er sich harmonisch in sein Umfeld einfügt. In den berühmten Zen-Gärten Japans werden Steine, Pflanzen, Farben und Formen auf eine Art und Weise aufeinander abgestimmt, die das Bild einer harmonischen Gemeinschaft ergeben. Natürliche Elemente und von Menschenhand geschaffene Formen ergänzen sich in diesen Anlagen gegenseitig. Jedes einzelne Element soll seinem Charakter und seiner Form entsprechend Ausdruck finden und wirken können, wobei es gleichzeitig das größere Ganze unterstützt. Im Gesamtwerk hat dann das unauffällig zarte Grün von Moos und Farn eine genauso große Bedeutung wie ein großer, auffallender Stein.

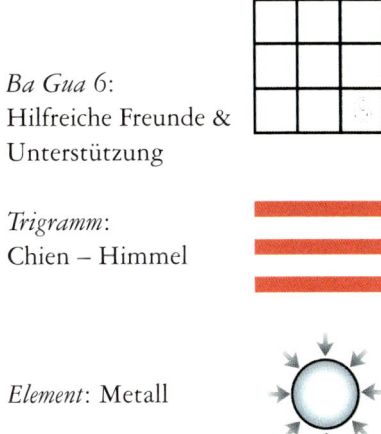

Ba Gua 6:
Hilfreiche Freunde & Unterstützung

Trigramm:
Chien – Himmel

Element: Metall

Farbe: Weiß, Silber, Gold

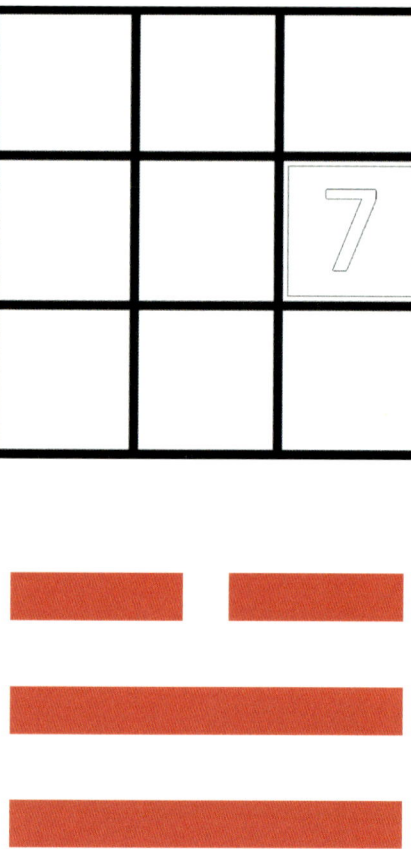

Ba Gua 7: Kinder & Phantasie
Trigramm: Tui – See

124

Ba Gua 7:
Kinder und Phantasie

Der siebte Bereich liegt auf der rechten Seite in der Mitte von der Grundlinie ausgehend. Er gehört zum Element Metall und als Bild wird ihm der See, das Heitere, zugeordnet. Dieser Lebensbereich bezieht sich auf unsere Kinder, das innere Kind in uns und unsere „geistigen" Kinder, also Projekte, Ideen und Eingebungen.

In diesem Abschnitt des Ba Gua werden wir auf die verspielte, schöpferische Seite in uns hingewiesen. Auf die unbefangene, phantasieerfüllte Welt der Kinder, die wir Erwachsene vor lauter Alltagsstreß und Vernunft nur allzu oft vergessen. Doch in jedem von uns lebt, mehr oder weniger lebhaft, ein inneres Kind, das sich danach sehnt, Spaß zu haben, und nur dem Moment verpflichtet ist. Solange wir Kinder sind, entdecken wir die Welt spielerisch und absichtslos, und nie wieder werden wir unser Leben so kreativ und phantasievoll gestalten wie in dieser Zeit. Voller schöpferischer Energie verwandeln sich Stöckchen in Menschen, Menschen in Hunde, Affen oder Pferde und schlichte Sessel in schaukelnde Kähne auf einem windgepeitschten, endlosen Meer.

Wann immer wir in das Reich unserer Phantasie eintauchen und unserer Inspiration freien Lauf lassen, im Augenblick leben, und nicht auf das Urteil der anderen schielen, sind wir ganz bei uns. Kinder können völlig selbstvergessen einfach da sein. Sie leben voller gesammelter Kraft das, was sie gerade tun und die Welt ringsum verliert an Bedeutung, während sie gleichzeitig ihre eigene, innere Welt vollkommen verzaubert.

Wir Erwachsenen erleben solche Momente häufig, wenn wir tanzen oder Musik hören, wenn wir unseren Hobbys nachgehen oder einfach nur entspannen und unseren Tagträumen nachhängen und dabei alles um uns herum vergessen. In dieser Zeitspanne, in der wir unsere ganze Aufmerksamkeit auf eine Sache richten, sei es Malen, Musizieren, Spielen, Basteln, Träumen oder Tüfteln, sind wir ganz bei uns und völlig frei, wie Kinder, die im Spiel die Welt vergessen. Und genau in solchen Augenblicken entwickeln sich neue, schöpferische Ideen und überraschende Lösungen für anstehende Probleme.

Die Fähigkeit zu lachen, den Moment zu genießen, sowie spontan und unbefangen seine Gefühle zeigen zu können, sind wunderbare, kindliche Eigenschaften, die uns allen einmal sehr vertraut waren. Wenn Sie merken, daß Sie viel zu ernst geworden sind und Ihr Leben nur noch aus Pflichten, Sorgen und Plänen besteht, sollten Sie sich diesen Lebensbereich genauer ansehen. Auch wenn Sie sich unter Menschen befangen fühlen und Ihr wahres Wesen kaum zu zeigen wagen oder sich kaum Zeit für sich selber gönnen, sollten Sie diesen Bereich Ihres Lebens genauer unter die Lupe nehmen. Kinder fordern und nehmen sich, was ihnen wichtig erscheint. Sie drücken ihre Gefühle unmittelbar und ganz unverstellt aus, und genau deshalb sind sie unwiderstehlich und so charmant.

Dieser Ba Gua-Bereich sollte Sie täglich daran erinnern, dem kindlichen, unbeschwerten Teil in sich genauso viel Beachtung zu schenken, wie dem vernunftorientierten, ernsthaften Teil.

- ## Anregungen zur Gestaltung

Dieser Teil Ihrer Wohnung zeigt die Freude, am Leben zu sein und es aus vollem Herzen zu genießen. Was Lebensfreude ist und welche Art von Genuß am besten ist, darüber gibt es so viele Meinungen, wie es Menschen gibt. Für den einen ist hier der Ort, wo er mit seinen Kindern spielt, redet und kuschelt. Für andere ist es ein idealer Platz, um zu malen, zu musizieren oder zu basteln. Wieder andere finden dort die vollkommene Leseecke, in der sie ins Reich ihrer Phantasie eintauchen können. Wenn Sie es sich gern vorm Fernseher gemütlich machen, läßt es sich hier gut entspannen und den Gedanken freien Lauf lassen.

Mit lieben Menschen gemütlich beieinandersitzen, plaudern und lachen, ohne auf die Zeit zu achten, zusammen essen und trinken, all dies sind Genüsse und Freuden, die in diesem Teil Ihrer Wohnung besonders starke Unterstützung finden.

Dieser Abschnitt steht für Freiheit und Eigenständigkeit, folgerichtig gibt es keine besonderen Richtlinien zur Einrichtung. Hauptsache Sie fühlen sich wohl, und es regt Ihre Phantasie an. Ein Schreibtisch voller unerledigter Arbeiten wird diese Kriterien allerdings nicht erfüllen. Halten Sie aus diesem Bereich alle Dinge fern, die an Pflichten erinnern oder belastend wirken. Hier dürfen Sie loslassen und einfach „nur" das Leben genießen.

Stärken Sie diesen Bereich, wenn Sie oder Ihre Kinder sich traurig und einsam fühlen und scheinbar keinen selbstverständlichen Platz im Leben finden. Auch wenn es an Mut und innerer Kraft fehlt, eigene Wünsche und Hoffnungen durchzusetzen, sind Erinnerungen an die unschuldig-egoistischen Forderungen unserer Kindheit heilsam. Hängen Sie Bilder auf, die Sie daran erinnern, wie spontan, unbeschwert und, im wahrsten Sinne des Wortes ver-rückt Sie das Leben als Kind genommen haben und auch heute immer wieder sehen können.

- Hilfsmittel

Der siebte Bereich gehört wie der vorige Bereich Freunde zum Element Metall. Genau wie dort können Sie zur Verstärkung der Raumenergie alle Formen von metallischen Gegenständen und irdenen Schalen und Vasen, aber auch Edelsteine und Salzkristall-Lampen einsetzen.

Um den spielerischen und phantasiereichen Charakter dieses Abschnitts zu betonen, sollten die Bilder, ob abstrakt oder gegenständlich, Lebensfreude und Heiterkeit ausdrücken. Von Kindern oder Ihnen selbst gebastelte Objekte und gemalte Bilder erinnern Sie an die schöpferische Seite in uns. Auch Kinderfotos von uns selbst oder unseren Kindern haben hier einen guten Platz, sofern sie Spaß und Lebenslust vermitteln.

Bunte Mobiles aller Art bringen Bewegung in ein Zimmer, wenn sie sanft durch die Luft schaukeln. Regenbogenkristalle, vor die Fenster gehängt, werfen tanzende, bunte Lichtreflexe in Räume und können minutenlang verzaubern. Die Blechauto- oder Teddybär-Sammlung, persönliche Kindheitserinnerungen, verspielte Objekte und vieles andere helfen, eine schöpferische Atmosphäre zu gestalten, in der wir das Kind in uns nicht leugnen müssen, sondern ganz im Gegenteil bewußt fördern.

Wenn Sie ein Klavier, eine Gitarre oder andere Musikinstrumente besitzen, könnten sie hier ihren Platz haben und gespielt werden. Auch tibetische Klangschalen und Zimbeln aus Metall, Trommeln, sowie alle Dinge, die an Ihr Hobby erinnern, sind hier gut untergebracht.

Auf Ihrem Schreibtisch können Sie diese Zone mit den Bildern Ihrer Kinder aufwerten oder einen faszinierenden Gegenstand aufstellen, der Ihre Phantasie anregt und beflügelt.

Die Energiebilder

Mandala

Das helle Blaugrau des Hintergrunds, vor allem aber die weißen Strahlen, die von innen heraus weit über die äußere Umrandung hinaus strahlen, stärken das Element Metall, das diesem Lebensbereich zugeordnet wird.

Im Inneren des Bildes weisen bunte Kreise, Ornamente und Strahlen auf die verspielte Energie dieses Bereichs hin.

Dieser innere Kreis geht in den tausendblättrigen Lotos über, ein Symbol für Unschuld und Reinheit. Eigenschaften, die dem inneren Kind in uns entsprechen.

Ba Gua 7:
Kinder & Phantasie

Trigramm:
Tui – See

Element: Metall

Farbe: Weiß, Silber

Man soll machen,
was einem Freude verheißt;
es besteht
die größte Wahrscheinlichkeit,
daß es auch der Welt
eine Freude machen wird.
THOMAS MANN

129

130

Die Energiebilder

Der Tuscheweg

Im Reich der Phantasie können wir Welten besuchen, die uns im Alltagsleben verschlossen bleiben. Dort können wir pfeilschnell zu anderen Orten fliegen oder uns durch die Unendlichkeit des Universums treiben lassen. Mühelos können wir in unterschiedlichste Gestalten schlüpfen und tagträumend eine andere Wirklichkeit erleben.

Phantasievolle Menschen verfügen über die Fähigkeit, die alltäglichen, normalen Dinge auf eine im wahrsten Sinne des Wortes ver-rückte Art zu betrachten und zu überraschend neuen Verbindungen zusammenzustellen. Ob ideensprühender Künstler, innovativer Manager oder erfindungsreicher Handwerker, sie alle schaffen es, das Vertraute und Bekannte aus dem Rahmen seiner scheinbar festgelegten Bedeutung zu lösen, bevor sie es auf eine neue Art und Weise wieder zusammensetzen.

Ba Gua 7:
Kinder & Phantasie

Trigramm:
Tui – See

Element: Metall

Farbe: Weiß, Silber

Die Energiebilder

Landschaften

Dieses Bild lädt Sie zu einem Spaziergang über eine Blumenwiese bei Sonnenuntergang ein.

Der Lebensbereich der Phantasie wird dem Westen zugeordnet, der Himmelsrichtung der untergehenden Sonne. Der zu Ende gehende Tag und die heraufdämmernde Nacht sind ein schönes Symbol für das Ineinanderfließen von Bewußtsein (Tag) und Unterbewußtsein (Nacht), wodurch wir zu neuen, ungewöhnlichen Lösungen finden können.

Eine blühende Wiese voller bunter Blumen und Schmetterlinge ist außerdem ein höchst lebendiges Symbol: Scheinbar wahllos und ohne Absicht zusammenfindende Samen und Gräser erzeugen kein chaotisches Durcheinander, sondern gestalten eine duftende, vielseitige und vor Lebensfreude überschäumende Mischung aus unterschiedlichen Elementen.

Ba Gua 7:
Kinder & Phantasie

Trigramm:
Tui – See

Element: Metall

Farbe: Weiß, Silber

Ba Gua 8: Inneres Wissen & Lernen
Trigramm: Gen – Berg

Ba Gua 8:

Inneres Wissen und Lernen

Der achte Bereich liegt links unten auf der Grundlinie. Als Element wird ihm die „Kleine Erde" zugeordnet und als Bild der Berg, der für Beharrlichkeit und innere Stärke steht. In diesem Lebensbereich geht es um das menschliche Bedürfnis, immer wieder Neues zu lernen und über das Altbekannte hinauszuwachsen. Hier ist der natürliche Drang zuhause, die Welt verstehen und meistern zu lernen. Auch das Lernen, wie es in Schule, Lehre und Studium als kulturelles Gut vermittelt wird, gehört in diesen Lebensbereich.

Gleichzeitig weist der Abschnitt „Inneres Wissen und Lernen" auf das allmähliche Wachsen und Reifen unserer Persönlichkeit hin. Erfahrungen und Erkenntnisse, die wir im Laufe der Jahre vom und über das Leben gespeichert haben, reifen hier mit wachsendem Bewußtsein zu innerem Wissen.

Wann immer Sie sich mit dem Sinn Ihres Lebens beschäftigen oder sich mit religiösen Glaubensfragen auseinandersetzen, sind Sie mit diesem Lebensbereich verbunden. Hier ist der Raum, um die Augen zu schließen und in Meditation zu versinken. Um sich Zeit zu nehmen, die wir ausschließlich uns selbst widmen. Um Verbindung mit Ihrem höheren Selbst aufzunehmen und tief in sich hineinzulauschen.

Stärken Sie diesen Bereich, wenn Ihnen bisher Zeit und Ruhe fehlten, um sich wieder einmal ganz auf sich selbst zu besinnen. Wenn Sie sich danach sehnen, alle Pflichten und Sorgen für eine Weile zu vergessen und losgelöst von irdischen Dingen Ihre Gedanken schweifen lassen wollen. Oder auch, wenn Sie Ihre Lernfähigkeit verbessern, Ihre Intuition steigern oder sich mehr auf die geistige Welt ausrichten wollen.

Wissen, Wahrheit und Weisheit sind innere Werte, die sich im Laufe des Lebens ändern und in jedem Lebensalter einen anderen Stellenwert haben. An der Schwelle zu einer neuen Lebensphase geraten bisherige Werte oft ins Wanken und wollen durch neue ersetzt werden. Stärken Sie diesen Lebensbereich, um in Ruhe und im inneren Gleichgewicht Ihr Leben immer wieder neu auszuloten. Nehmen Sie sich regelmäßig Zeit für Mußestunden, in denen Sie meditieren, lesen oder einfach einmal nichts tun. In der Stille können die tief im

Verborgenen ruhenden Botschaften leichter an die Oberfläche unseres Bewußtseins steigen.

• Anregungen zur Gestaltung

Groß, stark und unerschütterlich, das sind Eigenschaften, die wir einem
Berg zuschreiben. Wenn Sie diesen Lebensbereich hauptsächlich als Unterstützung zum Lernen und Weiterbilden stärken wollen, dann darf die Möblierung
hier entsprechend schwer und wuchtig ausfallen. Raumhohe Regale voller Bücher und Unterlagen, ein großer Schreibtisch mit entsprechendem Stuhl, ein
gemütlicher Ohrensessel zum Lesen und Nachdenken erinnern schon äußer-
lich an die Stille und gesammelte Konzentration einer Bibliothek.

Für Kinder und Erwachsene, die sich nur schwer konzentrieren und neues
Wissen nur schlecht behalten und vereinnahmen können, sollte dieser Bereich
besonders sorgfältig gestaltet werden. Der Platz an dem der Schreibtisch steht,
sollte in jedem Fall die Regeln der Fünf Tiere erfüllen (siehe S. 171). Sie vermitteln Sicherheit und innere Ruhe, die Grundlage für störungsfreies Lernen.

Wer lieber meditiert oder einen Ort sucht, an dem er still in sich hinein-
hören kann, bevorzugt vielleicht eine karge Möblierung. Eine fast leer gehal-
tene Meditationsecke gibt dem Geist Raum, sich auf das Wesentliche zu konzentrieren, ohne Ablenkung oder störende Einflüsse von außen.

Wenn Sie weder Weiterbildung betreiben noch meditieren, sondern Ihre
Neugier nach neuem Wissen eher über den Fernseher oder durch Zeitschrif-
ten stillen, gestalten Sie sich einen gemütlichen Rückzugsort aus Fernseh- und
Leseecke, wo Sie auch ungestört zu sich finden können. Für viele ist der Austausch mit anderen Menschen das bevorzugte Mittel, um neue Informationen
zu gewinnen oder sich selbst besser kennenzulernen. Wenn Sie zu diesen Menschen gehören, dann könnte der Bereich Wissen aus einer gemütlichen, be-
haglichen Sitzecke bestehen, die Sie mit Bildern und Gegenständen ausstat-
ten, die eine offene Geisteshaltung fördern und eine beschützende Stimmung
vermitteln.

Wenn Ihr Eingang im achten Abschnitt liegt, wird er im Schutz des Berges besonders gut behütet sein. Ein großer, vielleicht geerbter Bücher- oder
Kleiderschrank erinnert daran, daß Wissen von Generation zu Generation wei-

tergegeben wird. Doch achten Sie darauf: Der Eingangsbereich sollte nie „voll-
gestopft" wirken.

- Hilfsmittel

Leere Krüge, Schalen oder Vasen aus Ton und Keramik stärken das Element Erde dieses Bereiches und versinnbildlichen darüber hinaus, daß der Geist
„leer" und bereit ist, mit mehr innerem oder weltlichem Wissen gefüllt zu
werden. Als weitere Gegenstände bieten sich kleine und große Steine, große
Kristalle oder Salzkristall-Lampen an. Sie alle kommen aus dem Berg und tragen seine ruhende Kraft in sich.

Bilder in diesem Teil der Wohnung können weise Führer der Menschheit
zeigen, wie etwa Buddha, Jesus Christus oder andere Vorbilder, die uns Menschen auf dem Weg der Selbstfindung führen. Auch Bilder von natürlichen
Kraftorten dieser Erde wie Höhlen, Berge oder Quellen sind für diesen Bereich förderlich, ebenso von Menschenhand geschaffene Kultstätten wie Stone-
henge, die Pyramiden, Kirchen oder Moscheen. Ebenso geeignet sind Bilder,
die symbolisch Ihre höchsten Werte und Ziele darstellen.

Mandala-Bilder in jeder Form eignen sich für diesen Bereich besonders gut.
Seit Jahrtausenden als Konzentrations- und Meditationshilfen genutzt, helfen
sie, den Geist zu sammeln und sich selbst im großen Ganzen wiederzufinden.

Die Energiebilder

Mandala

Die kräftige Erdfarbe stärkt das Element Erde, das zu diesem Bereich gehört.

Für dieses Feld ist ein Mandala das ideale Symbol, denn Mandalas zentrieren und helfen, die Konzentration sowohl nach innen als auch auf höhere Ebenen auszurichten.

Ein Mandala ist nicht nur eine stilisierte, bildliche Darstellung, sondern ein traditionelles Hilfsmittel, um sich zu sammeln und in der Meditation Zugang zu Weisheit und innerem Wissen zu finden.

Welche Welten sich dabei eröffnen können, zeigt das alte tibetische Buddha-Symbol im Zentrum:

Die Weisen Tibets erkannten nämlich bereits vor Jahrtausenden die atomare Struktur, die sich in den bunten Bändern zeigt, die den Buddha umkreisen. – Ein Wissen, das erstaunlich genau mit den Erkenntnissen der modernen Wissenschaften übereinstimmt.

Ba Gua 8:
Inneres Wissen & Lernen

Trigramm:
Gen – Berg

Element: Erde

Farbe: Gelb, Ocker

140

Die Energiebilder

Tuscheweg

„Abwarten und Teetrinken", so lautet eine geläufige Redewendung. Damit ist nichts anderes gemeint, als daß wir uns hin und wieder Ruhe und Muße gönnen sollten, damit wir den Überblick behalten. Und das eben gerade in unruhigen und hektischen Zeiten, wenn wir glauben, daß wir alles selbst und sofort erledigen müssen.

Die beste Möglichkeit, um innerlich ruhig zu werden und den Weg zur inneren Quelle der Kraft zu finden, ist still in sich hineinzuhören – vielleicht bei einer Tasse Tee.

Ba Gua 8:
Inneres Wissen & Lernen

Trigramm:
Gen – Berg

Element: Erde

Farbe: Gelb, Ocker

Die Energiebilder

Landschaften

Abgeschiedenheit und die Nähe zu Mutter Natur gelten als besonders gute Voraussetzungen, um zu sich selbst zu finden. Die Stille einer Höhle, ein klarer Bergsee oder der weite Blick über die Landschaft von der Höhe eines Berges lassen uns Abstand zum Alltagsgetriebe gewinnen.

Gehen Sie in Gedanken öfter einmal an einen Ort der Stille und Abgeschiedenheit und lassen Sie sich überraschen, wieviel klarer und deutlicher Sie dort Ihre eigene, innere Stimme vernehmen werden. Gleichzeitig können Sie dort Ihren Lebensweg und Ihre Pläne in Ruhe überdenken und, falls nötig, Umgestaltungen vornehmen.

Ba Gua 8:
Inneres Wissen & Lernen

Trigramm:
Gen – Berg

Element: Erde

Farbe: Gelb, Ocker

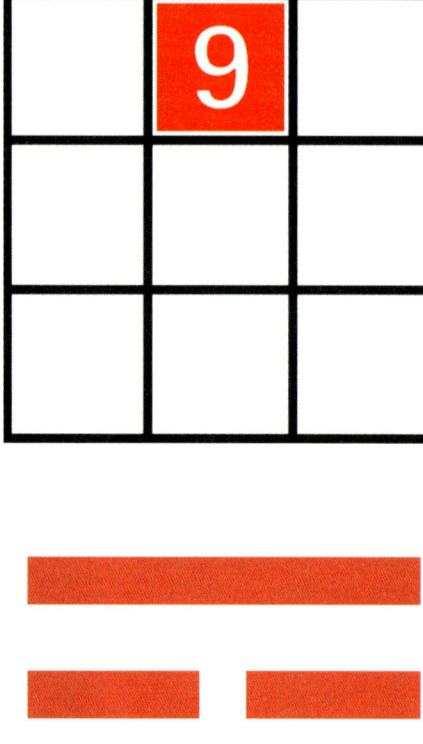

Ba Gua 9: Ruhm & Anerkennung
Trigramm: Li – Feuer

Ba Gua 9:

Ruhm und Anerkennung

Von der Grundlinie aus gesehen, liegt dieser Bereich ganz oben in der Mitte des Ba Gua. Als Element wird ihm das rote, hell leuchtende Feuer zugeordnet. So wie das Feuer seine Umgebung erhellt, wärmt und eine magische Anziehungskraft ausübt, zieht ein von innerem Feuer erfüllter Mensch seine Mitmenschen magisch an. Gesellen sich noch Weisheit, Weitsicht und Güte dazu, sind solche Menschen würdige Vorbilder, die viele Herzen erwärmen und neue Denkanstöße geben.

Dieser Bereich steht für das wunderbare Gefühl, am Ziel angekommen zu sein und etwas erreicht zu haben, wofür wir vielleicht jahrelang gearbeitet haben. Pläne und Projekte sind Wirklichkeit geworden, das Geschäft, die Partnerschaft, die Familie, oder was immer Sie sich vorgenommen haben, läuft gut, und Sie können ernten, was Sie gesät haben.

Ob Sie als „Mädchen für alles" im Büro arbeiten, Hausfrau und Mutter sind oder im oberen Management eine Führungsposition einnehmen, Sie erhalten die verdiente Anerkennung für Ihre Tätigkeit und haben das Gefühl, etwas Sinnvolles zu tun. Anerkennung und Erfolg im Beruf haben Sie dann, wenn Sie positive Ergebnisse vorweisen können, gute Verkäufe oder eine hohe Nachfrage Ihre Fachkenntnis und Vertrauenswürdigkeit beweisen. Aber auch das Entwickeln neuer Ideen und zukunftsorientierter Lösungen gehören in diesen Bereich.

Das Selbstwertgefühl der meisten Menschen hängt maßgeblich von Anerkennung und Lob durch andere Menschen und von materiellen Erfolgen ab. Wenn diese fehlen, gerät unser Selbstvertrauen leicht ins Wanken. Sollte Sie das nagende Gefühl plagen, daß niemand Ihre Bemühungen wahrnimmt, geschweige denn würdigt, wird es höchste Zeit, sich diesen Lebensbereich genauer vorzunehmen und mit geeigneten Hilfsmitteln zu stärken.

Ruhm, Anerkennung und Ehre durch berufliche Erfolge sind jedoch nur ein Teil dieses Lebensbereiches. In erster Linie geht es hier um innere Reife und die Kraft, unsere Persönlichkeit weiterzuentwickeln. Äußerlicher Glanz wirkt nur dann überzeugend, wenn gleichzeitig eine Entwicklung auf der seelischen Ebene stattfindet. Erst wenn Wissen und Weisheit zusammenwachsen, reifen Persönlichkeiten heran, deren Ausstrahlung andere Menschen unwiderstehlich in ihren Bann zieht.

Auf der Ebene inneren Wachstums erfahren wir hier Augenblicke vollkommenen Bewußtseins. Es sind jene kurzen Erfahrungen höchsten Glücks, von Einheit und tiefen Einsichten. Ein Erleben der pulsierenden, alles einschließenden Gegenwart des Lebens, das in der christlichen Religion Gotteserfahrung und in der buddhistischen Erleuchtung genannt wird.

- Anregungen zur Gestaltung

Seit jeher werden Ruhm, Ehre und Anerkennung durch die Farbe Rot verkörpert. Das rötliche Purpur durfte über lange Zeit nur von Kaisern und Königen getragen werden. Wir rollen rote Teppiche aus, wenn wir jemanden ehren wollen, und rote Schärpen signalisieren in Politik und Kirche Würde und Rang des Trägers. Der wohldosierte Einsatz der Farben Rot oder Orange kann für diesen Wohnbereich eine gute Lösung sein, wenn es Ihnen noch an „Feuer" und Elan fehlt, um beruflich oder privat Ihre Vision zu verwirklichen. Wählen Sie Bilder oder Objekte aus, deren dynamische Formen Bewegung und Fortschritt ausdrücken.

Wenn Sie merken, daß Sie an überholten Werten festhalten oder alte, hinderliche Gewohnheiten nur schlecht loslassen können, nehmen Sie diesen Teil Ihrer Wohnung einmal genauer unter die Lupe. Schauen Sie sich genau um. Welche Dinge haben sich hier angesammelt? Was davon brauchen Sie noch und was ist entweder überflüssig oder sogar belastend, weil es ungute Erinnerungen auslöst? Solche Dinge blockieren nicht nur ihre Wohnräume, sondern erweisen sich auch im Leben oft als hinderlich.

Weise und erleuchtete Menschen zeichnen sich dadurch aus, daß sie die Dinge klar und unverhüllt als das nehmen, was sie sind. Darüber hinaus sehen sie das Wesentliche hinter den äußeren Erscheinungen, das Sein hinter dem Schein. Um zu einer solchen Geisteshaltung zu finden, sollte dieser Bereich klar, schlicht und offen möbliert sein. Lassen Sie Raum zwischen den Dingen, so daß jedes Stück zur Geltung kommen kann. Dieser Raum sollte Ihnen das Gefühl von geistiger Offenheit und innerer Freiheit vermitteln. Licht, insbesondere viel helles Tages- oder Kunstlicht, sind zur Stärkung dieses Abschnitts ausnehmend wirksam.

Und weil es sich um den Lebensbereich Erfolg und Anerkennung handelt, sollte sich in der Einrichtung Ihr Erfolg spiegeln, beziehungsweise das darstellen, was Sie erreichen wollen. Wichtiger als der Preis der Einrichtung ist allerdings, daß in diesem Bereich alles in einwandfreiem Zustand ist. Wacklige Stühle, blinde Fensterscheiben und halbvertrocknete Pflanzen sind keine guten Symbole für Ruhm, Anerkennung und das Feuer der Erleuchtung. Wo hohe Ansprüche gelten, müssen auch hohe Ansprüche erfüllt werden.

- Hilfsmittel

In diesem Teil Ihrer Wohnung liegt der „Ort der Erkenntnis". Die Frage ist, welche Erkenntnis streben Sie an? Wollen Sie erkennen, welche Entscheidung und welche Geisteshaltung zu mehr beruflichen Erfolgen führt und Ihnen im äußeren Leben Ruhm und Erfolg bringt? Oder ist es Ihnen wichtiger, den Weg nach Innen einzuschlagen und eine weisere Sicht der Dinge zu entwickeln. Wollen Sie vielleicht sogar beides? Je nachdem, wie Sie diese Fragen beantworten, werden die Symbole für diesen Bereich unterschiedlich ausfallen.

Wenn Sie Ihr Hauptaugenmerk auf beruflichen Erfolg legen, dekorieren Sie diesen Bereich mit Symbolen, die für Sie Aufstieg und angestrebte Ziele verkörpern. Hier ist auch der ideale Ort, um Ihre Urkunden und Auszeichnungen aufzuhängen, Ihre Pokale aufzustellen oder sich an Fotos zu erfreuen, die Sie bei der Verleihung von Auszeichnungen zeigen.

Wenn Sie mehr Wert auf Ihre innere Entwicklung legen, wählen Sie Bilder und Objekte, die diese Seite in den Vordergrund rücken und für inneres Feuer, Weisheit und Erleuchtung stehen.

Auf der Ebene der Elemente stärken Sie diesen Bereich durch die Farben Rot und Orange. Setzen Sie rote Akzente durch Möbel, Kissen, Vorhänge, rotblühende Pflanzen oder Dekorationsobjekte. Hängen Sie Bilder auf, in denen Vögel in den Himmel fliegen, vielleicht sogar den sagenhaften roten Vogel Phönix, der sich selbst immer wieder neu erschafft.

Alle Gegenstände, die Klarheit, Leuchtkraft und Inspiration ausstrahlen, stärken diesen Lebensbereich. Ein Kaminfeuer, Kerzen und immer wieder Licht in allen Variationen schaffen an dieser Stelle eine Atmosphäre, die unsere Vision, das Verwirklichen unserer Ziele fördert und stärkt.

148

Die Energiebilder

Mandala

Ansehen, Anerkennung oder Ruhm sind in unserem täglichen Leben eine Art Lohn, mit denen unsere Leistungen und Verdienste gewürdigt werden.

Ansehen und Anerkennung fallen einem in der Regel nicht einfach zu, sondern wollen erarbeitet und verdient sein. Selbst wenn sie scheinbar über Nacht kommen, haben sich Können, Begabung, Mut und Stärke über Jahre hinweg entwickelt und den Boden gut vorbereitet.

Schauen Sie dieses Mandala an und fragen Sie sich: In welchen Lebensbereichen möchte ich Anerkennung finden? Welche Ausstrahlung möchte ich haben? Was habe ich bereits erreicht, und was will ich noch tun?

Feuer ist das Element, das diesem Lebensbereich zugeordnet wird. Der feurige Grundton dieses Mandalas stärkt Sie auf der Elementebene, indem er Ihr inneres Feuer entfacht und auf einem hohen Energiepegel hält.

Ba Gua 9:
Ruhm &
Anerkennung

Trigramm:
Li – Feuer

Element: Feuer

Farbe: Rot

Die Energiebilder

Der Tuscheweg

Ruhm und Anerkennung können auf unterschiedlichen Ebenen erreicht werden:

Das Quadrat steht für Erfolg und Anerkennung auf der materiellen Ebene. Es ist der Lohn für vollbrachte Leistungen, die Anerkennung für beruflichen Erfolg und die gelungene Umsetzung von Plänen und Projekten.

Das Dreieck symbolisiert die geistige Ebene. Es ist das dynamisch aufstrebende Symbol für geistige Entwicklung und spirituelle Suche, gilt als Verbindungsglied zwischen Himmel und Erde. Als Zeichen versinnbildlicht es den Übergang von der materiellen Ebene, dem Quadrat, zur seelischen Einheit mit allem, was ist, dem Kreis.

In diesem Bereich aufgehängt, stärkt dieses Bild Ihre Visionen und Ziele und erinnert Sie auch in schwierigen Zeiten an Ihre Kraft und die Gewißheit, daß Sie diese Ziele verwirklichen werden.

Ba Gua 9:
Ruhm &
Anerkennung

Trigramm:
Li – Feuer

Element: Feuer

Farbe: Rot

Die Energiebilder

Landschaft

Feuer ist das Element dieser Ba Gua-Zone, und feurig ist die ganze Energie dieses Lebensbereiches.

Wer im Leben dauerhaft etwas erreichen will, sei es geistig oder materiell, muß dafür Energie aufbringen. Ursprüngliche Lebenskraft, körperlicher Einsatz und zielorientierte Gedankenkraft sind die wesentlichen Bestandteile dieser sehr aktiven Lebensgestaltung.

Feuer bezieht seine Energie aus einem Brennstoff, den es verwandelt und in einen anderen Energiezustand wechseln läßt. Dabei lodert es nach oben und leuchtet über weite Strecken.

Der Feuervogel Phönix gilt als Symbol für Reinheit und Erleuchtung. In Verbindung mit der Farbe Rot stärkt dieses Bild auf der Elementebene das Feuer des Geistes.

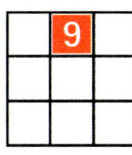

Ba Gua 9:
Ruhm &
Anerkennung

Trigramm:
Li – Feuer

Element: Feuer

Farbe: Rot

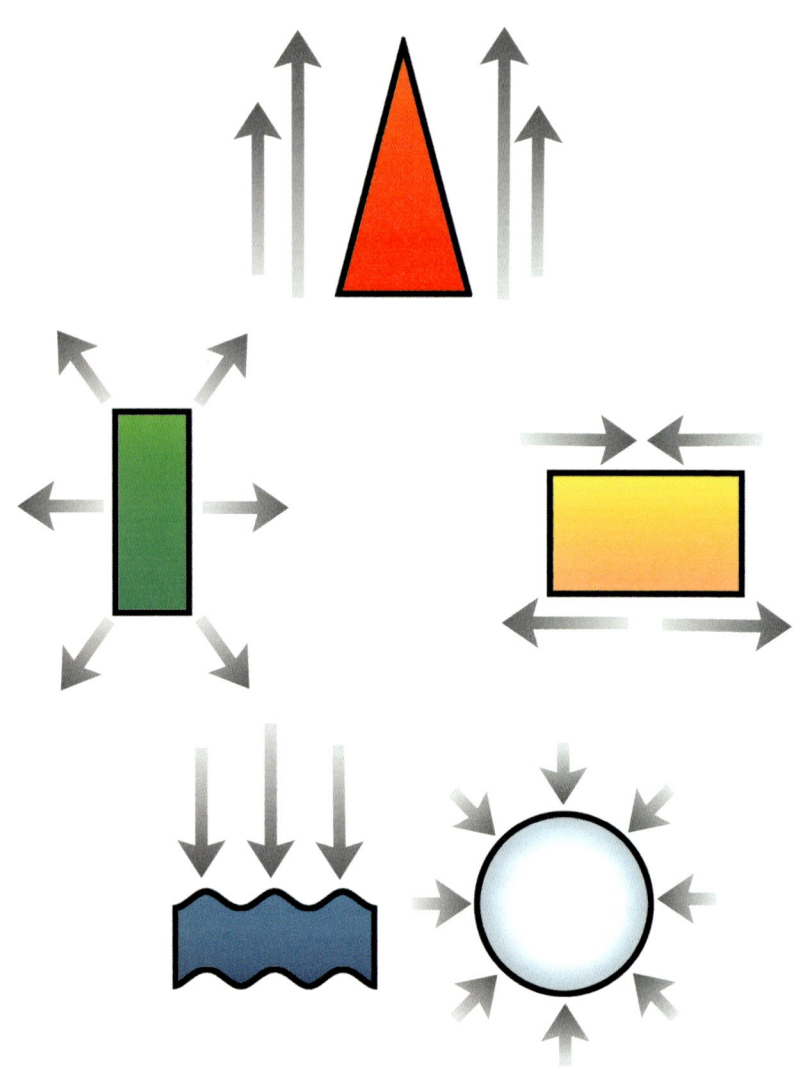

Feuer, Erde, Metall, Wasser, Holz
(im Uhrzeigersinn von oben)

Die Fünf Elemente

Der ewige Kreislauf des Wandels

Das gesamte chinesische Denken und die daraus entstandenen Lehren und Wissenschaften beruhen auf Beobachtungen der natürlichen Gegebenheiten und der Wirkungen, die sie aufeinander ausüben. Im System der „Fünf Elemente" kommt das besonders deutlich zum Ausdruck. Die chinesischen Elemente bezeichnen nicht wie in der westlichen Tradition einfach nur gegenständliche Grundelemente wie Erde, Wasser, Feuer und Luft, sondern darüber hinaus verkörpern die Elemente nach chinesischem Verständnis geistige Kräfte, Essenzen oder Energieprinzipien. Sie stehen symbolisch für die grundlegenden Eigenschaften der Materie.

Beobachten wir die Natur in all ihren Erscheinungsformen, kristallisiert sich schnell heraus, daß alle Dinge einer ständigen und allgegenwärtigen Veränderung unterliegen. Die Fünf Elemente verkörpern daher Wandlungsenergien oder Bewegungsprinzipien, mit denen sich diese lebendigen Umwandlungen abbilden lassen. Gleichzeitig verdeutlicht die Lehre der Fünf Elemente, daß die einzelnen Elemente erst zusammen ein Ganzes bilden und untrennbar miteinander verbunden sind.

- Die einzelnen Elemente und
  die ihnen zugeschriebenen Eigenschaften:

  HOLZ: verwurzelt, aufstrebend, wachsend, elastisch
  Energieform: in alle Richtungen ausdehnend

  FEUER: heiß, aufsteigend, bewegend, trocken
  Energieform: aufstrebend

  ERDE: fruchtbar, ergiebig, wachstumsfördernd, erdend
  Energieform: ausdehnend und zusammenziehend

  METALL: starr, schneidend, hart, leitend
  Energieform: nach innen gerichtet, konzentrierend

  WASSER: fließend, nachgiebig, kühl, naß, absteigend
  Energieform: nach unten und zur Seite verbreitend

Alles, was es auf dieser Welt gibt, kann jeweils einem der fünf Elemente zugeordnet werden. Jede Tages- und Jahreszeit, alle Himmelsrichtungen, Formen, Farben, Materialien, Naturerscheinungen, Gefühle, Charaktereigenschaften und von Menschen erschaffene Gebäude und Gegenstände lassen sich dem einen oder anderen Element zuordnen. Jedes der fünf Elemente besitzt ganz eigene Energien, Eigenschaften und Verhaltensweisen, die miteinander in Wechselwirkung stehen und sich ständig gegenseitig hervorbringen, einander beeinflussen und beherrschen oder auflösen.

Yin und Yang

Mit Yin und Yang bezeichnen die Chinesen jene beiden scheinbar unvereinbaren, sich aber ergänzenden Gegensätze, aus denen sich das Universum und unser Leben zusammensetzt. Diese Zweiheit oder Polarität findet sich überall im Universum und erklärt sich gegenseitig: Wir wissen, wann Tag ist, weil wir als Gegensatz die Nacht kennen. Was weich ist, erklärt sich durch hart, jung durch alt und warm durch kalt. Yin und Yang treten immer paarweise auf, und im ständigen Wechselspiel dieser beiden Gegensätze liegt das Geheimnis harmonischen Gleichgewichts. Doch nichts ist als solches nur Yin oder Yang, sondern jedes Ding, jede Energie hat sowohl Yin- als auch Yang-Eigenschaften. Das Yin-Yang-Zeichen versinnbildlicht dies sehr anschaulich. Im Yin wächst schon das

Yang heran (als weißer Punkt in der schwarzen Fläche) und im Yang ist immer auch Yin angelegt (als schwarzer Punkt in der weißen Fläche). Das Prinzip von Yin und Yang strebt nach Ausgleich und Wechsel im ewigen Vorgang von Werden und Vergehen.

Betrachten wir Yin und Yang als die beiden Ureigenschaften der Welt, so veranschaulichen die Fünf Elemente die ständige Wandlung zwischen diesen beiden Gegensätzen. Wenn der Winter am dunkelsten und kältesten ist, beginnt bereits der Sommer heranzuwachsen, indem die Tage wieder länger werden und den Wechsel der Jahreszeit vorbereiten. Und mitten im Sommer, wenn die Sonne ihren höchsten Punkt erreicht und am heißesten brennt, beginnt unaufhaltsam der Winter heranzureifen, und die Tage werden allmählich kürzer und kälter. In dem Maße, wie das Yin des Winters kleiner wird, wächst das Yang des Sommers heran, und kaum ist das größte Yang erreicht, geht es wieder zurück und sucht den Ausgleich des Yin.

Jedes einzelne der Fünf Elemente enthält sowohl Yin- als auch Yang-Eigenschaften, die sich ständig verändern und mit allem und jedem in Beziehung und Austausch stehen und sich in unterschiedlichen Energiezuständen und Erscheinungsformen, den Fünf Elementen, verkörpern. Ob in den Kreisläufen der Natur, unserem Leben und Körper oder einer Wohnung – Harmonie, Gesundheit und Wohlbehagen entstehen dort, wo alle Fünf Elemente ausgewogen und harmonisch vorhanden sind und aufeinander einwirken können.

Die Fünf Elemente sind nicht nur im Feng Shui gebräuchlich. Sie sind traditionelle Elemente der chinesischen Weltauffassung, die auch in den Lehren von Akupunktur, Akupressur, der Ernährung und der Kräuterheilkunde sowie im Qi Gong* genutzt werden. Für all diese Lehren gilt: Überwiegt ein Element oder eine Kraft, so geraten alle anderen aus dem Gleichgewicht und verursachen körperliche oder seelische Störungen und Verstimmungen.

Wie Sie mit den Farben, Formen und Eigenschaften der Fünf Elemente Ihre Wohnung so einrichten und gestalten können, daß unter ihnen ein harmonisches Gleichgewicht entsteht, erfahren Sie auf den folgenden Seiten. Ganz allgemein gilt für die Einrichtung mit den Fünf Elementen der Grundsatz: Sind alle Elemente durch Farben und/oder Formen vorhanden, haben Sie die beste Voraussetzung für eine kraftvolle Atmosphäre geschaffen.

---

*(eine Art Energiemeditation)

Tabelle der Elemente

Element	Formen	Farben	Materialien	Bedeutungen
HOLZ	rechteckig höher als breit senkrecht quaderförmig säulenförmig	grün	Holz Papier Pflanzen	Leben Wachstum Lebhaftigkeit Güte und Ärger
FEUER	spitz dreieckig sternförmig pyramidenförmig gezackt	rot orange violett lila rosa	Feuer Diamant	Wärme Leidenschaft Aufregung Ausdruck Freude und Haß
ERDE	rechteckig quadratisch breit nicht hoch niedrig gedrungen waagrecht	gelb braun beige ocker orange	Stein Ton Keramik Porzellan Ziegel Naturfasern	Beständigkeit Sicherheit Bequemlichkeit Ruhe und Sorge
METALL	rund oval bogenförmig kuppelförmig	weiß silber gold	alle Metalle	Konzentration Führerschaft Organisation Dauer Mut und Gram
WASSER	unregelmäßig wellenförmig chaotisch gekrümmt formlos	blau (schwarz)	Wasser	Kraft Austausch Beweglichkeit Tiefe Beruhigung Milde und Furcht

Die Wirkung der Fünf Elemente aufeinander

Die Fünf Elemente verhalten sich zyklisch zueinander. Das heißt, sie folgen einander in einem ewigen Kreislauf. Sie erzeugen sich und bedingen einander, sie nähren, erschöpfen oder zerstören sich in ständiger Folge und Abhängigkeit voneinander. Um die Wirkung eines Elements einschätzen zu können, müssen wir also dessen unmittelbares Umfeld und die Wirkung aufeinander betrachten.

• Der Fütterungs- oder Schöpfungszyklus

Zwei scheinbar gegensätzliche Energieströme beherrschen die Beziehungen zwischen den Fünf Elementen. Der eine Energiestrom wird Fütterungs- oder Schöpfungszyklus genannt, weil jedes Element das nachfolgende hervorbringt, fördert und nährt. So wie ein Kind aus seiner Mutter entsteht und von ihr gefüttert und gefördert wird, verhalten sich die Elemente dieses Zyklus zueinander. Wenn also das jeweils vorangehende Element mit dem folgenden Element zusammentrifft — und umgekehrt — entsteht ein harmonisches Farb-, Formen- und Materialgefüge.

Holz brennt, damit es das Feuer nähren kann. Die Asche des Feuers nährt die Fruchtbarkeit der Erde, in der das Metall entsteht, das geschmolzen wie Wasser fließt. Wasser läßt das Holz wachsen, das wiederum dem Feuer als Nahrung dient … usw.

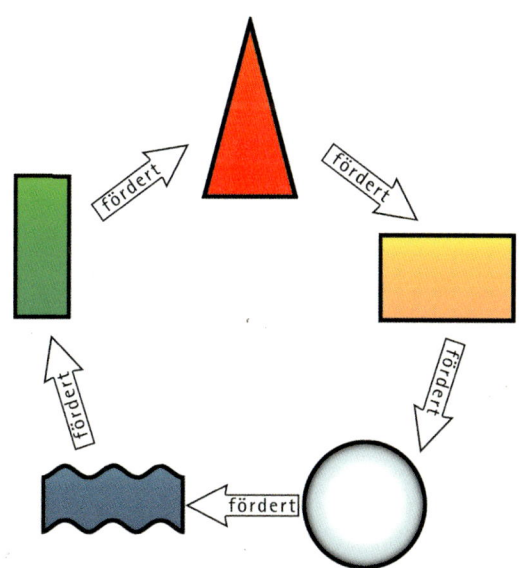

- Der Kontroll- oder Zerstörungszyklus

Der andere Energiestrom wird Kontroll- oder Konfliktzyklus genannt, manchmal wird er auch als Zerstörungszyklus bezeichnet. Hier verbraucht das eine Element ein anderes, indem es ihm seine Kraft nimmt und seine Eigenschaften vernichtet. In diesem Zyklus wird jeweils ein Element übergangen. Obwohl die verschiedenen Bezeichnungen dieses Energiestroms wenig Gutes versprechen, hat auch dieser Zyklus seine guten Seiten. So löscht Wasser beispielsweise Brände, und die Erde, die das Wasser verschmutzt, lagert sich woanders wieder als fruchtbarer Boden ab und bereitet dadurch den Weg für neues Wachstum.

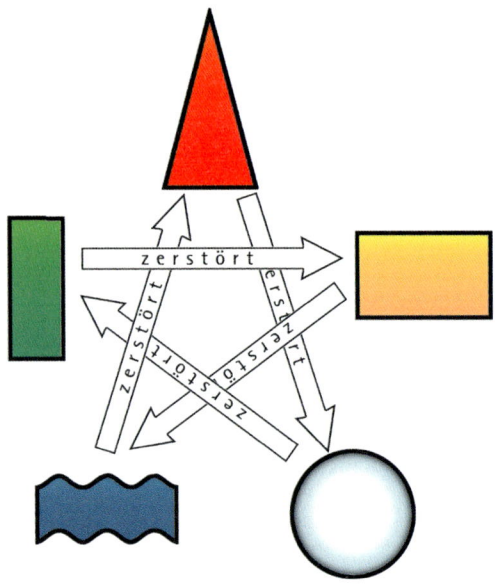

Beim Wachsen entzieht Holz der Erde ihre Nährstoffe. Die Erde verunreinigt das Wasser. Mit Wasser wird Feuer gelöscht. Die Hitze des Feuers schmilzt das Metall. Metall beherrscht das Holz, indem es das Holz zerschneidet. Damit neues Holz entstehen kann, muß es der Erde Nahrung entziehen ... usw.

Mit Hilfe des Schöpfungs- und des Zerstörungszyklus können Sie jetzt feststellen, welche Elemente in Ihrer Umgebung vorherrschen und damit vielleicht andere unterdrücken. Das System der Fünf Elemente eröffnet Ihnen eine vollkommen neue Sichtweise auf Ihr Umfeld und hilft ungesunde Einseitigkeit zu vermeiden. Lassen Sie sich überraschen, wieviel mehr Harmonie sowohl in Ihre Räume als auch in Ihr Leben einziehen wird, sobald Sie die Prinzipien der Fünf Elemente für ein Gleichgewicht der Kräfte einsetzen.

(Abb. rechts, von oben nach unten: Die chinesischen Schrifzeichen für die Elemente Feuer, Erde, Metall, Wasser, Holz)

Harmonie durch Farben

Viele Probleme im Wohnbereich lassen sich mit den Prinzipien der Fünf Elemente lösen. Farben und Formen sind Träger von Energien und haben somit Auswirkungen auf den Menschen. Ein Schlafzimmer, das überwiegend mit feurigen Rottönen und unruhigen Formen eingerichtet ist, wird nicht sehr schlaffördernd wirken – hier sind eher ruhige Farben und Formen angebracht. Dagegen wirken im Wohn- oder Eßbereich lebendige Farbzusammenstellungen und unterschiedliche Formen anregend und fördern diesen Lebensbereich.

Für die Entscheidung, ob ein Zimmer eher anregend oder beruhigend wirken soll, spielt die Farbzusammenstellung eine entscheidende Rolle. Umgesetzt heißt das, immer wenn zwei Farben des Schöpfungszyklus nebeneinander liegen, erzeugen sie eine angenehme Farbatmosphäre. Wenn also das nährende Element der „Mutter" auf das genährte Element des „Kindes" trifft, und umgekehrt, entsteht Harmonie.

Je kräftiger eine Farbe ist, desto weniger brauchen Sie davon. Ein kleines Bild mit kräftigen Rottönen reicht aus, um das Element Feuer im Ba Gua-Bereich Ruhm und Anerkennung zu verstärken. Um denselben Effekt mit einem zarten Violett zu erzielen, bräuchten Sie eine wesentlich größere Farbfläche, beispielsweise einen Teppich oder Sofa.

- Farbzusammenstellungen nach dem Schöpfungszyklus

Grün – Rot: Holz ernährt Feuer.
Rot – Gelb: Feuer befruchtet Erde.
Gelb – Weiß: Erde bringt Metall hervor.
Weiß – Blau: Metall erzeugt Wasser.
Blau – Grün: Wasser läßt Holz wachsen.

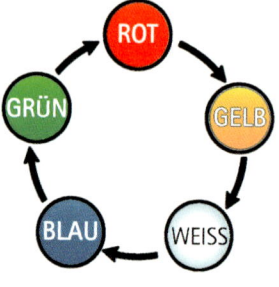

Natürlich können Sie auch drei oder mehrere Farben zusammenstellen. Hauptsache sie liegen im Schöpfungszyklus (siehe Abb. rechts) nebeneinander, damit ein harmonisches Miteinander gewährleistet ist.

Dagegen erzeugen Farben, die im Zerstörungszyklus miteinander in Verbindung stehen (siehe Pfeile Zeichnung unten), Energie, die zur Auseinandersetzung anregt, und wirken wie Alarmzeichen auf unser Unterbewußtsein. Diese Wirkung kann manchmal durchaus beabsichtigt sein. Solche Farbzusammenstellungen werden bevorzugt dann eingesetzt, wenn sie besondere Aufmerksamkeit wecken sollen. Viele Verkehrsschilder sind beispielsweise weiß-rot angelegt, aber auch in der Werbung nutzt man oft die Signalwirkung dieser Farbzusammenstellung, um Aufmerksamkeit zu erregen.

- Farbzusammenstellungen nach dem Zerstörungszyklus

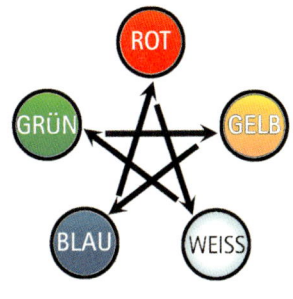

Rot – Weiß:	Feuer zerstört Metall.
Weiß – Grün:	Metall zerhackt Holz.
Grün – Gelb:	Holz laugt Erde aus.
Gelb – Blau:	Erde verschmutzt Wasser.
Blau – Rot:	Wasser löscht Feuer.

In unseren Wohn- und Arbeitsräumen geht es uns jedoch meistens darum, die Energien miteinander in Einklang zu bringen und den gesamten Energiefluß zu erhöhen. Eine Zimmereinrichtung, die vorwiegend in den Farben rot-weiß gehalten ist, würde uns demnach in ständiger Alarmbereitschaft halten. Ein Gemütszustand, der zuhause nicht unbedingt wünschenswert scheint.

Sie können jedoch aus jeder zerstörerischen Farbzusammenstellung eine schöpferische herstellen, indem Sie das für den Schöpfungszyklus notwendige fehlende Element dazwischenschalten:

Nehmen wir an, Sie besitzen ein rotes Sofa in einem weiß gestrichenen Zimmer. Um die Konfliktenergie zu entschärfen, brauchen Sie nur das fehlende Element mit Gelb (Erde) hinzuzufügen. Das kann ein gelbes, ockerfarbenes oder braunes Kissen, ein vorwiegend in diesen Farben gehaltenes Bild, ein Sessel oder Teppich sein. Mit wenig Aufwand haben Sie so den Schöpfungszyklus von Rot (Feuer) zu Gelb (Erde) zu Weiß (Metall) geschaffen und eine harmonische Farbzusammenstellung hergestellt.

Um zerstörerische Farbzusammenstellungen in, nach den Prinzipien der Fünf Elemente, harmonische umzuwandeln, brauchen Sie also nur das Element hinzuzufügen, das zwischen den durch die Pfeile verbundenen Elementen im Schöpfungszyklus liegt.

Die Farbzusammenstellung Gelb – Blau wird demnach durch Weiß entschärft. Die Verbindung Grün – Weiß wird durch Blau, Grün – Gelb durch Rot und Blau – Rot durch Grün in ein harmonisches Farbengefüge verwandelt.

In der Praxis würde also beispielsweise ein gelbes Sofa mit zwei blauen Kissen Disharmonie ausstrahlen. Tauschen Sie jetzt eines der blauen Kissen gegen ein weißes Kissen aus, haben Sie den harmonischen Schöpfungszyklus Gelb – Weiß – Blau (Erde – Metall – Wasser) hergestellt.

Oder: Die Wände Ihrer Wohnung sind gelb oder ockerfarben gestrichen und überall stehen Grünpflanzen. Eine Harmonie vermittelnde Farbe wäre in diesem Falle eine, die dem Element Feuer zugeordnet ist (siehe Tabelle S. 158). Mit beispielsweise roten Übertöpfen für die Pflanzen können Sie den ursprünglichen Farbkonflikt leicht in die harmonische Farbkombination Grün – Rot – Gelb verwandeln. Aber natürlich können Sie auch durch Bilder, Vorhänge oder einen Teppich in den Feuerfarben für Ausgleich sorgen.

Oder: Eine Wand ist rötlich gestrichen und die Decke erstrahlt in reinem Weiß. In diesem Fall würde eine erdfarbene Bordüre, zwischen die Konfliktfarben gemalt, die harmonische Fütterungsskala aus Rot – Gelb – Weiß (Feuer – Erde – Metall) herstellen.

Nach dieser Einführung in den Schöpfungs- und Zerstörungszyklus der Elemente können Sie die Farbgestaltung Ihrer Wohnung nun einmal genauer unter die Lupe nehmen. Durch kleine Farbkorrekturen und Ergänzungen lassen sich leicht große Veränderungen hervorrufen. Probieren Sie es zunächst an einigen Stellen aus. Sie werden spüren, wie energetisch mehr Ruhe und Harmonie in Ihre Räume einziehen.

Das persönliche Geburtselement

Der chinesische Kalender ordnet jedem Jahr ein Tier und eines der Fünf Elemente zu*. In der nachstehenden Tabelle finden Sie Ihr persönliches Element rechts neben Ihrem Geburtsjahr. Ihr Geburtselement sagt aus, mit welchen Farben und Formen Sie Ihre Persönlichkeit unterstützen und fördern können und welche Elemente Sie eher schwächen. Beachten Sie jedoch bitte, daß das chinesische Neujahr nicht mit unserer westlichen Zeitrechnung übereinstimmt. Das chinesische Jahr beginnt eher Anfang Februar, nämlich am zweiten Neumond nach der Wintersonnenwende**. Sind Sie zum Beispiel vor dem chinesischen Neujahrstag 1962, dem 5. Februar, geboren, ist Ihr Element das des vorherigen Jahres (in diesem Falle 1961).

Eine Frage, die im Zusammenhang mit dem chinesischen Geburtselement immer wieder auftaucht, ist die nach den unterschiedlichen Zuordnungen der Elemente in der westlichen und chinesischen Astrologie. So kann jemand nach der westlichen Astrologie zu einem Erdzeichen gehören, das Geburtselement nach dem chinesischen Kalender aber beispielsweise Wasser sein. Es handelt sich hierbei um zwei völlig unterschiedliche Systeme, die eigentlich nicht miteinander vergleichbar sind, da das chinesische System der Fünf Elemente andere Schwerpunkte und Zielsetzungen hat als das astrologische System mit vier Elementen.

Das chinesische Element zeigt beispielsweise an, wie der Körper und der Geist auf die unmittelbare Umgebung reagieren; durch den Fütterungs- und Zerstörungszyklus wirken die Elemente aufeinander ein. Die westliche Astrologie hingegen geht nicht davon aus, daß Planetenkräfte auf uns wirken. Vielmehr versteht sie sich als eine Art Uhr, die Zeit und Umstände, unter deren Zeichen ein Mensch geboren wird, neutral feststellt, ohne Einfluß zu nehmen.

Ihr chinesisches Geburtselement steht für die Ihnen innewohnenden Kräfte, mit denen Sie zur Welt kommen, und die Art und Weise, wie Sie auf das Leben zugehen. Es zeigt Ihre Lebenskraft, Ihren inneren Antrieb, das Lebensgrundgefühl, aus dem heraus Sie das Leben betrachten.

---

*(Jeder Mensch hat im Feng Shui und auch in der chinesischen Astrologie mehrere Elemente mit unterschiedlichen Zuordnungen. In diesem Buch konzentriere ich mich der Übersichtlichkeit wegen auf das Element des Geburtsjahres) **(21. Dezember)

Die einzelnen Geburtselemente zeichnen sich durch folgende Eigenschaften aus:

HOLZ: energiegeladen, lebhaft, fortschrittlich
FEUER: ungestüm, leidenschaftlich, weltoffen
ERDE: bodenständig, ruhig, besonnen, vorsichtig
METALL: stark, beständig, beherrscht, starrköpfig
WASSER: beweglich, phantasievoll, kontaktfreudig

Oft ist die Farbe unseres Geburtselementes auch unsere Lieblingsfarbe, vor allem in der Kindheit haben wir einen starken, unbewußten Bezug zu ihr. Im Erwachsenenalter stärkt die Farbe des Geburtselementes das innere Kind in uns und verleiht ihm auch im Äußeren Ausdruck. Um Ihre eigene Persönlichkeit zu stärken, können Sie die Farbe Ihres Geburtselements und die benachbarten Farben des Schöpfungszyklus bei der Auswahl Ihrer Kleidung nutzen:

Wenn Ihr Geburtselement beispielsweise Holz oder Wasser ist, werden Sie in der Nähe von natürlichem Wasser, Zimmerbrunnen oder Wasserfallbildern geradezu aufblühen. Ist Ihr Element dagegen Feuer, sollten Sie ein Wasserfallbild zur Erhöhung der Wohnraumenergie nicht in direkter Nähe zum Bett oder Ihrem Arbeitsplatz aufhängen, sondern mit einigem Abstand – denn Wasser löscht Feuer.

• Tabelle der Geburtselemente und chinesischen Sternzeichen:

Geburtsjahr	Beginn d. chin. Jahres	Element	chin. Sternzeichen
1920	20.02.	Metall	Affe
1921	08.02.	Metall	Hahn
1922	28.01.	Wasser	Hund
1923	16.02.	Wasser	Schwein
1924	05.02.	Holz	Ratte
1925	25.01.	Holz	Ochse
1926	13.02.	Feuer	Tiger
1927	02.02.	Feuer	Hase
1928	23.01.	Erde	Drache
1929	10.02.	Erde	Schlange

Geburtsjahr	Beginn d. chin. Jahres	Element	chin. Sternzeichen
1930	30.01.	Metall	Pferd
1931	17.02.	Metall	Schaf
1932	06.02.	Wasser	Affe
1933	26.01.	Wasser	Hahn
1934	14.02.	Holz	Hund
1935	04.02.	Holz	Schwein
1936	24.01.	Feuer	Ratte
1937	11.02.	Feuer	Ochse
1938	31.01.	Erde	Tiger
1939	19.02.	Erde	Hase
1940	08.02.	Metall	Drache
1941	27.01.	Metall	Schlange
1942	15.02.	Wasser	Pferd
1943	05.02.	Wasser	Schaf
1944	25.01.	Holz	Affe
1945	13.02.	Holz	Hahn
1946	02.02.	Feuer	Hund
1947	22.01.	Feuer	Schwein
1948	10.02.	Erde	Ratte
1949	29.01.	Erde	Ochse
1950	17.02.	Metall	Tiger
1951	06.02.	Metall	Hase
1952	27.01.	Wasser	Drache
1953	14.02.	Wasser	Schlange
1954	03.02.	Holz	Pferd
1955	24.01.	Holz	Schaf
1956	12.02.	Feuer	Affe
1957	31.01.	Feuer	Hahn
1958	18.02.	Erde	Hund
1959	08.02.	Erde	Schwein
1960	28.01.	Metall	Ratte
1961	15.02.	Metall	Ochse
1962	05.02.	Wasser	Tiger

Geburtsjahr	Beginn d. chin. Jahres	Element	chin. Sternzeichen
1963	25.01.	Wasser	Hase
1964	13.02.	Holz	Drache
1965	02.02.	Holz	Schlange
1966	21.01.	Feuer	Pferd
1967	09.02.	Feuer	Schaf
1968	30.01.	Erde	Affe
1969	17.02.	Erde	Hahn
1970	06.02.	Metall	Hund
1971	27.01.	Metall	Schwein
1972	15.02.	Wasser	Ratte
1973	03.02.	Wasser	Ochse
1974	23.01.	Holz	Tiger
1975	11.02.	Holz	Hase
1976	31.01.	Feuer	Drache
1977	18.02.	Feuer	Schlange
1978	07.02.	Erde	Pferd
1979	28.01.	Erde	Schaf
1980	16.02.	Metall	Affe
1981	05.02.	Metall	Hahn
1982	25.01.	Wasser	Hund
1983	13.02.	Wasser	Schwein
1984	02.02.	Holz	Ratte
1985	20.02.	Holz	Ochse
1986	09.02.	Feuer	Tiger
1987	29.01.	Feuer	Hase
1988	17.02.	Erde	Drache
1989	06.02.	Erde	Schlange
1990	27.01.	Metall	Pferd
1991	15.02.	Metall	Schaf
1992	04.02.	Wasser	Affe
1993	23.01.	Wasser	Hahn
1994	10.02.	Holz	Hund
1995	31.01.	Holz	Schwein

Geburtsjahr	Beginn d. chin. Jahres	Element	chin. Sternzeichen
1996	19.02.	Feuer	Ratte
1997	07.02.	Feuer	Ochse
1998	28.01.	Erde	Tiger
1999	16.02.	Erde	Hase
2000	05.02.	Metall	Drache
2001	24.01.	Metall	Schlange
2002	12.02.	Wasser	Pferd
2003	01.02.	Wasser	Schaf
2004	22.01.	Holz	Affe
2005	09.02.	Holz	Hahn
2006	29.01.	Feuer	Hund
2007	18.02.	Feuer	Schwein
2008	07.02.	Erde	Ratte
2009	26.01.	Erde	Ochse
2010	14.02.	Metall	Tiger
2011	03.02.	Metall	Hase
2012	23.01.	Wasser	Drache
2013	10.02.	Wasser	Schlange
2014	30.01.	Holz	Pferd
2015	19.02.	Holz	Schaf
2016	08.02.	Feuer	Affe
2017	28.01.	Feuer	Hahn
2018	15.02.	Erde	Hund
2019	04.02.	Erde	Schwein
2020	24.01.	Metall	Ratte
2021	11.02.	Metall	Ochse
2022	01.02.	Wasser	Tiger
2023	21.01.	Wasser	Hase
2024	09.02.	Holz	Drache
2025	29.01.	Holz	Schlange

Die Fünf Tiere: Phönix, Tiger, Schildkröte, Drache, Schlange
(im Uhrzeigersinn von oben in die Mitte)

170

Die Fünf Tiere

Die Anfänge von Feng Shui führen weit zurück in die Vergangenheit der Menschheitsgeschichte. So sehr sich das Leben eines modernen Menschen von dem seiner Urahnen auch unterscheiden mag, die menschlichen Grundbedürfnisse sind durch all die Jahrtausende überall auf der Welt gleich geblieben.

Jeder Mensch braucht ein gewisses Maß an Schutz und Sicherheit, um sich geborgen zu fühlen und den wechselhaften Herausforderungen des Lebens begegnen zu können. Für unsere Ahnen boten natürliche Höhlen einen ersten, sicheren Schutz vor Wind und Regen, vor der Hitze des Sommers oder der Kälte des Winters. Der weite Blick über die Landschaft aus dem offenen Eingang stellte sicher, daß Feinde oder wilde Tiere rechtzeitig bemerkt wurden und durch den Schutz der Wände hinter und neben ihnen gut abgewehrt werden konnten. Standfestigkeit und Beständigkeit sorgten dafür, daß jeder wußte, was notwendig war, um die Sippe mit Nahrung und allem Lebensnotwendigen zu versehen.

Gleichzeitig wohnt in uns der Drang, neue Lebensräume zu erforschen und einengende Grenzen zu überwinden, um für uns und unsere Nachkommen bessere Lebensbedingungen zu schaffen. Deshalb haben wir einen Drang nach Freiheit und Weite. Dazu ist es notwendig, Stärke und Tatendrang zu entwickeln, das eigene Leben in die Hand zu nehmen und es nach eigenen Vorstellungen zu gestalten. Und schließlich brauchen wir alle Ruhe und Frieden, um unserem Körper Zeit zur Erholung zu geben und den Geist zu beruhigen.

Einen Ort der Kraft haben wir immer dann gefunden, wenn diese uralten Bedürfnisse befriedigt sind.

Die fünf Urbedürfnisse

Beispiele dafür, wie sehr diese fünf Urbedürfnisse nach Sicherheit, Beständigkeit, Tatendrang, Ruhe und Übersicht selbst den modernen Menschen beeinflussen, lassen sich überall finden. Achten Sie einmal darauf, welche Plätze in einem noch leeren Restaurant zuerst besetzt werden: Fast alle Menschen wählen instinktiv einen Platz, bei dem sie eine Wand im Rücken haben, der seitlich von Menschen oder halbhohen Trennwänden eingerahmt wird und ihnen einen freien Blick auf die Tür gestattet. Der Platz, an dem wir uns als kleine Kinder am sichersten fühlten, war auf dem Schoß eines Erwachsenen. Hinter uns ein großer, starker Körper, sicher gehalten von zwei kräftigen Armen, unter uns fester Grund und vor uns die weite Welt, die es zu entdecken gibt.

Im Feng Shui werden diese Grundbedürfnisse auf einfache Art und Weise durch fünf Tiere verkörpert. Traditionell werden den Tieren die Mitte (wir selbst) und vier Himmelsrichtungen zugeordnet:

- Die dunkle Schildkröte bietet Schutz vor den kalten Nordwinden und ist dem Winter zugeordnet.
- Der grüne Drache liegt im Osten und steht für den erwachenden Frühling.
- Im Süden fliegt der rote Phönix in den Sommer hinein.
- Der weiße Tiger schläft im Westen und stellt den Herbst dar.
- In der Mitte liegt zusammengerollt die Schlange. Sie ist keiner Jahreszeit zugeordnet, sondern steht für die Übergänge zwischen den Zeiträumen.

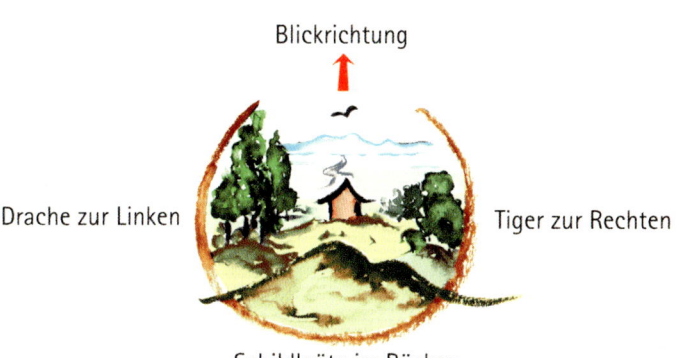

Blickrichtung

Drache zur Linken

Tiger zur Rechten

Schildkröte im Rücken

Der ideale Ort

Im Idealfall liegt eine Stadt oder ein Dorf am Fuß einer hufeisenförmigen Bergkette, deren seitliche Berge sanft zu den Ufern eines vorbeifließenden Flusses auslaufen.

Ein Haus in dieser Stadt oder diesem Dorf würde idealerweise durch ein hohes Gebäude oder große Bäume auf der Rückseite geschützt werden. Etwas weniger hohe Bäume oder Büsche gewähren seitlich Schutz, und nach vorne sollte ein offener Platz liegen und den Ausblick auf den Garten freigeben.

In einem Zimmer dieses Hauses ist der bestmögliche Platz dann gefunden, wenn im Rücken eine starke Wand für Schutz sorgt, seitlich Wände, Möbel oder Bilder unseren Blicken Halt geben und vor uns der offene Raum liegt. Das beste Möbelstück im Zimmer ist nach der Lehre der Fünf Tiere wiederum ein Lehnstuhl oder Sessel mit einer hohen Rückenlehne und seitlichen Armstützen. In solchen Sesseln fühlen wir uns sicher und stark. Kopf und Rücken werden unterstützt, die Arme liegen bequem auf den Lehnen, fast wie von selbst entspannt sich dabei unser Körper und wir atmen tiefer und freier. Von drei Seiten geschützt und von dem Sitz sicher gehalten, können wir uns gelöst unseren Tagträumen hingeben oder unsere Energie kraftvoll nach außen lenken.

Ob Sie sich zuhause entspannen wollen, im Restaurant oder Kino einen guten Platz suchen, an einen schönen erholsamen Ort ziehen oder an ihrem Arbeitsplatz konzentriert arbeiten wollen, mit den Fünf Tieren lassen sich auf einfache aber sehr wirksame Weise überall Plätze der Ruhe und Kraft schaffen.

Schlange, Schildkröte, Phönix, Drache, Tiger

Der einfachste Weg, sich mit den Grundregeln der Fünf Tiere vertraut zu machen, besteht darin, sich selbst einmal in die Mitte, an den Platz der Schlange, zu stellen. So erhalten Sie einen sinnlichen und räumlichen Eindruck von ihnen und erinnern sie besser.

- **Schlange**

Stellen Sie sich vor, Sie stehen auf dem Platz der Schlange. Hier ist der Mittelpunkt Ihrer Weltwahrnehmung. Hier ist das Zentrum, die Mitte, Ihr Körper, der von den anderen Tieren geschützt, unterstützt und gefördert wird. Mit ihnen stehen Ihnen weise Ratgeber und kraftvolle Wächter zur Seite.

- **Schildkröte**

Jetzt stellen Sie sich vor, hinter Ihrem Rücken würde der starke Panzer einer großen Schildkröte aufragen und Sie vor allen Gefahren schützen, die von dort drohen könnten. Da wir hinten keine Augen haben, die uns rechtzeitig vor Gefahren warnen, fühlen wir uns von den Dingen, die hinter unserem Rücken geschehen, am stärksten bedroht. Instinktiv richtet sich ein Teil unserer Aufmerksamkeit nach dort, um nicht unvorbereitet überrascht zu werden. Dort, wo wir uns am verwundbarsten fühlen, brauchen wir den starken Panzer der Schildkröte.

Fehlt die Schildkröte, also der geschützte Raum hinter uns, verspannen sich unbewußt Nacken- und Rückenmuskulatur, um sich selbst einen „Panzer" zu schaffen. Eine Menge Energie fließt dadurch in diesen unbewußten Schutzpanzer, die Sie viel wirkungsvoller für Ihre Arbeit oder Ihr schöpferisches Schaffen einsetzen könnten. Aus eben diesem Grund sitzen viele Kinder unkonzentriert an ihrem Schreibtisch, und die Hausaufgaben und das Lernen fallen ihnen unnötig schwer.

Befindet sich an Ihrem Arbeitsplatz eine feste Wand hinter dem Sitzplatz, haben Sie den starken Schutz der Schildkröte im Rücken. An diesem Platz werden Sie sich sicher und geschützt fühlen, weil von hinten keine unliebsamen Überraschungen zu befürchten sind. Auf ein Haus übertragen sollten dort ein Berg, große, hohe Bäume oder ein anderes Haus den „Rücken" decken.

• Phönix

Wenn Sie Ihre Aufmerksamkeit jetzt nach vorne richten, steigt vor Ihnen der rote Feuervogel Phönix in den Himmel hinauf und beschreibt die unendliche Weite, Freiheit und neuen Möglichkeiten, unser Leben zu gestalten. Alle unsere Bewegungen, seien sie körperlich oder geistig, sollen uns voranbringen, daher sollte der Raum vor uns frei und offen sein und nicht durch Hindernisse blockiert werden.

Nach westlichem Verständnis ist der sagenhafte Vogel Phönix ein Sinnbild für Unsterblichkeit und eine Erinnerung daran, daß das Leben jeden Tag neu beginnt: Immer wieder erhebt er sich aus der Asche und strebt neuen Erfahrungen und Einsichten entgegen, egal wie oft er verbrannt oder verletzt wird.

Nach chinesischem Verständnis ist der rote Phönixvogel eine Gottheit des Windes, dessen Körper die fünf menschlichen Eigenschaften darstellt: Der Kopf die Tugend, die Flügel die Pflichten, der Rücken das richtige Verhalten, die Brust die Menschlichkeit und der Bauch die Zuverlässigkeit.

Wer wie ein Phönix frei in den Himmel fliegen und seinen Weg aus der Luft betrachten kann, sieht die Welt aus einem anderen Blickwinkel. Von dort oben nimmt er ganz andere Dinge wahr, als ein der Erde verhaftetes Wesen. Lebensfreude, Phantasie und geistige Offenheit sind daher weitere Eigenschaften, die ihm neben Zuversicht, Anerkennung, Stärke und Ruhm ebenso zugeordnet werden.

Ein guter Platz für die Bedürfnisse des Phönix in Ihnen zeichnet sich dadurch aus, daß er Ihnen einen freien, unverstellten Blick in den Raum hinein ermöglicht. Mit der Schildkröte im Rücken sorgt der freie Blick des Phönix dafür, daß Sie keine unerwarteten Überraschungen erschrecken werden.

- Drache

Zu Ihrer linken Seite ruht der grüne Drache. Im Feng Shui ist er der große, mächtige Wächter, der unsere linke Seite schützt und stärkt. Drachen gelten allgemein als weitsichtig und klug, weshalb sie unseren Wunsch nach Wissen und neuen Erkenntnissen verkörpern. Mit einem starken Drachen auf der linken Seite wird das Leben zielgerichtet und eher von weiser Vernunft geleitet. Der Legende nach können Drachen sehr alt werden und oft haben sie im Laufe der Zeit reiche Schätze zusammengetragen, die sie sorgfältig behüten und vermehren. Zu Ihrer linken Seite sorgt ein starker Drache daher für Beständigkeit, Wohlstand und eine ruhige, aufgeschlossene Lebenshaltung.

Um sich auf einem Sitzplatz, im Bett oder am Schreibtisch wohlzufühlen, sollte die linke Seite von einem etwa schulter- bis kopfhohen Möbelstück, einer großen Zimmerpflanze oder einem symbolischen Bild geschützt sein. Das vermittelt Geborgenheit und verkörpert den Schutz und die Standfestigkeit des Drachens. In der Umgebung Ihres Hauses wären ein höheres Nachbargebäude in einiger Entfernung oder etwas kleinere Bäume als auf der Rückseite von Vorteil.

- Tiger

Zu Ihrer rechten Seite ruht der weiße Tiger. Er ist kleiner als der Drache, aber seiner Natur nach ein wildes, unberechenbares Tier, das notfalls schnell angreifen und sich verteidigen kann. Mit der Kraft und Schnelligkeit des Tigers an Ihrer rechten Seite besitzen Sie große Tatkraft und geschmeidige Wendigkeit. Beides Eigenschaften, die im Alltagsleben von außerordentlichem Nutzen sind. Ein wacher, aber ruhender Tiger verkörpert anregende Ereignisse, Tatendrang und kraftvolle Beweglichkeit von Körper und Geist. Doch Vorsicht, ein Tiger ist immer ein wenig angriffslustig, und wenn er sich in die Enge getrieben fühlt, wird er zu einem gefährlichen Tier, dessen wilde, reißende Kraft nicht mehr zu bändigen ist.

Der Tiger ist kleiner aber wilder als der Drache, daher sollte die Tigerseite eines Platzes niedriger und ruhiger gehalten werden. Hüfthohe Möbel, ein beruhigendes, kleines Bild oder ein Beistelltisch vermitteln Ihnen ein gutes Gefühl auf dieser Seite und halten Drache und Tiger im Gleichgewicht. Wenn Sie einen Garten haben, sollte dieser Teil eher mit Büschen und halbhohen Sträuchern bepflanzt sein oder von einer niedrigen Garage oder einem Gartenhaus begrenzt werden.

Plätze der Kraft schaffen

Die fünf Tiere sind im Feng Shui das einfachste Mittel, um kraftvolle Arbeitsplätze oder beruhigende Orte der Entspannung zu schaffen. Auch wenn Sie bisher wenig oder gar nichts über den Fluß der Lebensenergie Chi, den Einfluß der Elemente oder über die acht Lebensbereiche des Ba Gua wissen sollten, können Sie mit den Fünf Tieren die Energie einzelner Lebensbereiche schon erheblich steigern und verbessern. Allein dadurch, daß an den wichtigsten Plätzen im privaten und beruflichen Bereich Ihre Urbedürfnisse befriedigt sind, werden Sie sich wohler und entspannter fühlen. Ganz nebenbei wird sich die Qualität der Räume und Ihrer Arbeit verbessern, weil Sie lieber am Schreibtisch sitzen, phantasievoller sind oder sich schon auf Ihren Sessel freuen.

Das Gestaltungselement der Fünf Tiere läßt sich auf alle Lebensbereiche anwenden. Sie können damit ein ideales Grundstück für Ihr geplantes Haus suchen, Ihren Garten anlegen oder sich in geschlossenen Räumlichkeiten einen guten Platz sichern.

Wenn Sie erst einmal damit begonnen haben, Ihre Umwelt mit den Fünf Tieren in Beziehung zu setzen, werden Sie wahrscheinlich erstaunt feststellen, wie oft Sie die Regeln bereits unbewußt anwenden. Dem urwüchsigen Teil in uns sind sie sehr vertraut. Die meisten Menschen stellen fest, daß ihr Lieblingsplatz in der Wohnung weitgehendst den Richtlinien der Fünf Tiere entspricht. Vielleicht können Sie sich jetzt erklären, warum auf dem schicken Designersofa mitten im Raum oder direkt vor der Fensterfront so selten jemand sitzt. Oder daß es ganz natürlich ist, wenn Sie sich an Ihrem Schreibtisch nur schlecht konzentrieren können, wenn hinter Ihrem Rücken eine offene Tür liegt und zusätzlich vielleicht noch viel Bewegung herrscht.

Achten Sie auch darauf, daß die idealen Höhen der Drachen- und Tiger-seite davon abhängen, welche Tätigkeiten hauptsächlich in dem jeweiligen Zimmer verrichtet werden. In einer Küche stehen wir meistens, und die Höhe der Einrichtung richtet sich nach diesem Maß. Im Wohn- und Eßzimmer werden wir meistens sitzen, und die Einrichtungsgegenstände können etwas weniger hoch sein. Im Schlafzimmer verbringen wir die meiste Zeit liegend, und entsprechend niedrig sollten Drache und Tiger ausfallen. Aufeinander abgestimmte Größenverhältnisse unterstützen nicht nur die Symbolkraft der Tiere, sondern sind darüber hinaus ein eigenständiges wichtiges Maß dafür, ob wir und unser Umfeld einander harmonisch ergänzen.

Manchmal sind unsere Wohnungen so eng und müssen so viele Aufgaben erfüllen, daß beim besten Willen und aller Phantasie kein zufriedenstellender Platz für den Schreibtisch, das Sofa oder den Sessel zu finden ist. Wenn Ihr Schreibtisch beispielsweise auf eine geschlossene Wand ausgerichtet ist, hängen Sie sich die Weite und Freiheit, die der Phönix verkörpert, in Form eines Bildes an die Wand. Das kann der Blick auf eine weite Landschaft sein, ein Mandala oder jedes andere Bild, das Sie anspricht und der Symbolik des Phönix entspricht. Mehr Informationen über die Energiebilder und die ihnen zugeordneten Bereiche finden Sie im Kapitel „Die einzelnen Lebensbereiche (siehe S. 63).

hoher Drache zur Linken   Blick in den Raum, zum Fenster (Phönix)

geduckter Tiger zur Rechten

hoher Lehnstuhl und Wand (Schildkröte) im Rücken

Beispiel eines Arbeitszimmers

Feng Shui-Energiebilder

Die Bildserien

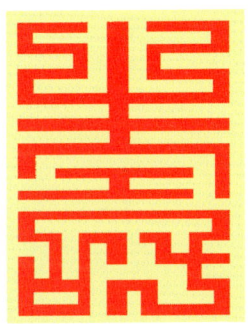

Mandalas

Klaus Holitzka

FENG SHUI ENERGIEBILDER

(4) Reichtum   (9) Ruhm   (2) Partnerschaft

(3) Familie   (5) Mitte   (6) Kinder

(8) Wissen   (1) Lebensweg   (6) Freunde

Mandalas

Schirner ⚜ Verlag

ISBN 3-89767-025-9, 9 Motive plus Deckblatt, 21,6 x 30,3 cm, DM/sFr 27,–/öS 203,– (unverbindl. Preisempfehlung)

Der Tuscheweg

Klaus Holitzka

FENG SHUI ENERGIEBILDER

(4) Reichtum

(9) Ruhm

(2) Partnerschaft

(3) Familie

(5) Mitte

(6) Kinder

(8) Wissen

(1) Lebensweg

(6) Freunde

Der Tuscheweg

Schirner Verlag

ISBN 3-89767-026-7, 9 Motive plus Deckblatt, 21,6 x 30,3 cm, DM/sFr 27,–/öS 203,– (unverbindl. Preisempfehlung)

ISBN 3-89767-027-5, 9 Motive plus Deckblatt, 21,6 x 30,3 cm, DM/sFr 27,–/öS 203,– (unverbindl. Preisempfehlung)

Adressen:

- Die Energiebilder in Wunschgrößen und Großformaten im Digitaldruck
  zu bestellen bei:
  WHITE LIGHT EDITION
  Klaus Holitzka
  Neudorf 3
  D-64756 Mossautal
  Tel: (0049) 06062 – 4987
  Fax: (0049) 06062 – 912 438
  eMail: holitzka@aol.com

- Nicole Zaremba
  > Feng Shui Haus- und Büroberatung,
  > Feng Shui-Planung bei Neu- und Umbau
  > Feng Shui-Seminare
  Erfurter Straße 21 f
  D-64372 Ober-Ramstadt
  Tel: (0049) 06154 – 631 588
  Fax: (0049) 06154 – 623 898
  eMail: nicolezaremba@t-online.de

- Aus- u. Fortbildung zum Feng Shui-Berater
  sowie Vermittlung von qualifizierten Feng Shui-Beratern:

  Internationales Forum: Feng Shui e.V.
  Geschäftsstelle Deutschland
  Am Wapelsberg 32
  51469 Bergisch-Gladbach
  Tel. & Fax 01805 – 240 888

Feng Shui & Kristalle
Groß- und Einzelhandel
Ludwigsplatz 14
D-83022 Rosenheim
Tel: (0049) 08031 – 288 977
Fax: (0049) 08031 – 288 978
eMail: fengshui.kristalle@firemail.de

Oneness World
Kreuzstraße 4
D-80331 München
Tel: (0049) 089 – 260 66 51

Feng Shui – Der Laden
Welser Straße 10
D-10777 Berlin
Tel: (0049) 030 – 211 17 71

ESOTERIKA
Stellinger Weg 4
D-20255 Hamburg
Tel: (0049) 040 – 400 126

FOCUS
Brabanterstraße 1
D-52070 Aachen
Tel: (0049) 0241 – 506 350

SOMANAS
Antwerpener Straße 24
D-50672 Köln
Tel: (0049) 0221 – 528 587

SCHIRNER Buchhandlung
Feng Shui-Artikel, Literatur,
Salzlampen
Elisabethenstraße 20-22
D-64283 Darmstadt
Tel. (0049) 06151 – 293 939
*Regelmäßige Feng Shui-Sprech-
stunden*

Steinkreis
Mineralien und Edelsteine
Pachmayerweg 1
D-83119 Obing-Frabertsham
Tel. (0049) 08624 – 829 556

Avalon – Haus der Esoterik
Münchner Straße 11
D-85221 Dachau
Tel: (0049) 08131 – 353 075

Remy Forum
Rathausplatz 2, D-87435 Kempten
Tel: (0049) 0831 – 18 142

Ländliches Wohnen & Lebensgefühl
Bahnhofstraße 3
A-9800Spittal/Drau
Tel. (0043) 04762 – 35 706

Fengshui Unlimited
Wasserschöpfi 60, CH-8055 Zürich
Tel: (0041) 01 – 4 518 555

- Feng Shui-Artikel-Versand

Feng Shui Quelle
Tel. & Fax (0049) 0202 – 572 678

Vielharmonie
Tel. (0049) 0700 – 11 888 999
Fax (0049) 0700 – 3 888 999

Klaus Holitzka

Feng Shui
Energiebilder

DIGITAL AUF LEINWAND

Digitale Drucke auf Leinwand »on demand«

Wenn Sie sich wünschen, Ihren Lebensraum mit Motiven aus den Feng Shui-Energiebilderserien oder aus Klaus Holitzkas umfangreichem künstlerischem Werk in größeren Bildformaten zu schmücken, so ist dies mit *DIGITAL AUF LEINWAND* möglich. *DIGITAL AUF LEINWAND* ist ein modernes, innovatives Verfahren, bei dem die digitalisierten Daten der Bilder in einem hochwertigen Druckverfahren direkt auf Leinwand reproduziert werden können. Es entsteht die Anmutung eines Originalgemäldes.
Die Vervielfältigung der Drucke erfolgt »on demand«. Jedes Bild wird auf Bestellung und in der gewünschten Größe (Maximale Größe z.B.120x160 cm) individuell hergestellt, auf einen Keilrahmen gespannt und vom Künstler handsigniert.

Formate und Preise:
Papier-Ausdrucke bis DIN A3   DM   28,- +MWSt.

DIGITAL AUF LEINWAND **mit 6 Farben bei 720 dpi,**
auf Keilrahmen gespannt, handsigniert:

50x50 / 50x60 / 50x70 cm	DM	680,- +MWSt.
80x80 / 70x100 / 50x100 cm	DM	780,- +MWSt.
100x100 / 100x140 cm	DM	960,- +MWSt.
120x120 / 120x160 cm (Max.)	DM	1.050,- +MWSt.

Bestellungen richten Sie bitte an:

WHITE LIGHT EDITION
Neudorf 3 • D-64756 Mossautal
Tel. +49-(0)6062-4987 • Fax: +49-(0)6062-912438
eMail: holitzka@aol.com
Internet: www.mandalas.net

Ba Gua-Schablone

für quadratische Räume

~4~ Reichtum & Glück *Element*: Holz *Farbe*: helles Grün *Richtung*: nach oben strebend	~9~ Ruhm & Anerkennung *Element*: Feuer *Farbe*: Rot *Richtung*: nach oben strebend	~2~ Partnerschaft & Ehe *Element*: Erde *Farbe*: Gelb/Ocker *Richtung*: waagrecht
~3~ Familie & Gesundheit *Element*: Holz *Farbe*: dunkles Grün *Richtung*: nach oben strebend	~5~ Mitte *Element*: Erde *Farbe*: Goldgelb *Richtung*: in sich ruhend	~7~ Kinder & Phantasie *Element*: Metall *Farbe*: Weiß/Silber *Richtung*: nach innen ziehend
~8~ Inneres Wissen & Lernen *Element*: Erde *Farbe*: Gelb/Ocker *Richtung*: nach innen schauend	~1~ Karriere & Lebensweg *Element*: Wasser *Farbe*: Blau *Richtung*: fließend	~6~ Hilfreiche Freunde & Unterstützung *Element*: Metall *Farbe*: Weiß/Silber/Gold *Richtung*: nach innen zentrierend

Ba Gua-Schablone
für breite Räume

~4~ Reichtum & Glück *Element*: Holz *Farbe*: helles Grün *Richtung*: nach oben strebend	~9~ Ruhm & Anerkennung *Element*: Feuer *Farbe*: Rot *Richtung*: nach oben strebend	~2~ Partnerschaft & Ehe *Element*: Erde *Farbe*: Gelb/Ocker *Richtung*: waagrecht
~3~ Familie & Gesundheit *Element*: Holz *Farbe*: dunkles Grün *Richtung*: nach oben strebend	~5~ Mitte *Element*: Erde *Farbe*: Goldgelb *Richtung*: in sich ruhend	~7~ Kinder & Phantasie *Element*: Metall *Farbe*: Weiß/Silber *Richtung*: nach innen ziehend
~8~ Inneres Wissen & Lernen *Element*: Erde *Farbe*: Gelb/Ocker *Richtung*: nach innen schauend	~1~ Karriere & Lebensweg *Element*: Wasser *Farbe*: Blau *Richtung*: fließend	~6~ Hilfreiche Freunde & Unterstützung *Element*: Metall *Farbe*: Weiß/Silber/Gold *Richtung*: nach innen zentrierend

Ba Gua-Schablone
für tiefe Räume

~4~	~9~	~2~
Reichtum & Glück	Ruhm & Anerkennung	Partnerschaft & Ehe
Element: Holz	*Element*: Feuer	*Element*: Erde
Farbe: helles Grün	*Farbe*: Rot	*Farbe*: Gelb/Ocker
Richtung: nach oben strebend	*Richtung*: nach oben strebend	*Richtung*: waagrecht
~3~	~5~	~7~
Familie & Gesundheit	Mitte	Kinder & Phantasie
Element: Holz	*Element*: Erde	*Element*: Metall
Farbe: dunkles Grün	*Farbe*: Goldgelb	*Farbe*: Weiß/Silber
Richtung: nach oben strebend	*Richtung*: in sich ruhend	*Richtung*: nach innen ziehend
~8~	~1~	~6~
Inneres Wissen & Lernen	Karriere & Lebensweg	Hilfreiche Freunde & Unterstützung
Element: Erde	*Element*: Wasser	*Element*: Metall
Farbe: Gelb/Ocker	*Farbe*: Blau	*Farbe*: Weiß/Silber/ Gold
Richtung: nach innen schauend	*Richtung*: fließend	*Richtung*: nach innen zentrierend

Weitere Bücher aus dem Programm des Schirner Verlags:

Klaus Holitzka
Mandalas der Kraft
Malblock für Heilung & Wohlbefinden
Malbuch mit 31 Motiven und Begleittexten
DIN A4 quer
DM 19,80/ÖS 145,—/sFr 19,—
ISBN 3-930944-31-6

Klaus Holitzka
Kraft schöpfen aus Mandalas
Eine praktische Führung zur
inneren Wirkkraft von Mandalas
DM/sFr 9,80/ÖS 72,—
ISBN 3-930944-36-7

Klaus Holitzka
Keltische Mandalas
32 Motive zum Ausmalen und Entspannen
Malbuch, DIN A4 quer
DM 19,80/ÖS 145,—/sFr 19,—
ISBN 3-930944-17-0

Klaus Holitzka
Orientalische Mandalas
31 Motive mit Texten orientalischer Mystiker
Malbuch, DIN A4 quer
DM 19,80/ÖS 145,—/sFr 19,—
ISBN 3-930944-91-X

Tatjana Blau
Tibetische Mandalas
32 Motive mit buddhistischen Begleittexten
Malbuch, DIN A4 quer
DM 19,80/ÖS 145,—/sFr 19,—
ISBN 3-930944-53-7

Sitara E. Eggeling
Indische Yantras
32 Motive mit Begleitsprüchen
indischer Weiser
Malbuch, DIN A4 quer
DM 19,80/ÖS 145,—/sFr 19,—
ISBN 3-930944-66-9

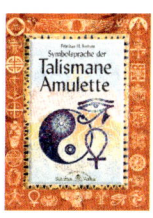

Felicitas H. Nelson
**Symbolsprache der
Talismane & Amulette**
*Ein Führer durch unsere an Glücksbringern
und Amuletten reiche Welt mit über 200
Symbolen*
DM 29,80/ÖS 218,—/sFr 28,50
ISBN 3-930944-42-1

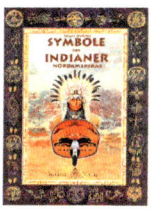

Heike Owusu
Symbole der Indianer Nordamerikas
*über 300 Symbole nordamerikanischer
Indianerstämme als Vermittler einer zeitlosen
Wahrheit*
DM 29,80/ÖS 218,—/sFr 28,50
ISBN 3-930944-19-7

Sabine Heinz
Symbole der Kelten
*Das Vermächtnis eines geheimnisumwitterten
alten Volkes erläutert anhand von über 50
Symbolen*
DM 29,80/ÖS 218,—/sFr 28,50
ISBN 3-930944-33-2

Tatjana & Mirabai Blau
Buddhistische Symbole
*Die Weltanschaung des tibetischen Buddhis-
mus erläutert anhand von über 100 Symbolen*
DM 29,80/ÖS 218,—/sFr 28,50
ISBN 3-930944-64-2

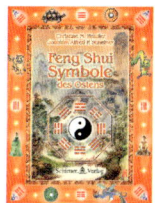

Christine M. Bradler &
Joachim Alfred P. Scheiner
Feng Shui Symbole des Ostens
*Wegweiser und Entscheidungshilfe zur
Symbolik von über 60 klassischen Feng Shui-
Hilfsmitteln*
DM 19,80/ÖS 145,—/sFr 19,—
ISBN 3-930944-87-1

Christine M. Bradler &
Joachim Alfred P. Scheiner
Feng Shui Symbole des Westens
*über 60 moderne Feng Shui-Hilfsmittel mit
Anwendungsbeispielen & Ba Gua-Zuordnung*
DM 19,80/ÖS 145,—/sFr 19,—
ISBN 3-930944-90-1

FENG SHUI

Briefkarten
Poster bis DIN A1

sichtweise
VERLAG & VERTRIEB

Berliner Straße 9, D-31275 Lehrte
Fon: +49 (0) 51 75 -95 38 62, Fax: -66
Internet: www.sichtweise-verlag.d
Email: Jivan@t-online.de